Edel & Trödel

ALT UND NEU HARMONISCH KOMBINIEREN

Edel & Trödel

ALT UND NEU HARMONISCH KOMBINIEREN

LIZ BAUWENS UND
ALEXANDRA CAMPBELL
MIT FOTOS VON SIMON BROWN

CHRISTIAN VERLAG

WIDMUNGEN:
von Liz:
Meinem Mann Simon Brown und meinen Kindern Lois, Milo und Finn

von Alexandra:
Freddie und Rosie
in Liebe, Alexandra

Unser Verlagsprogramm finden Sie unter www.christian-verlag.de

Übersetzung aus dem Englischen: Annette Wiethüchter, archiwort
Textredaktion: Cynthia Erhardt
Korrektur: Dr. Michael Schenkel
Satz: Studio Fink, Krailling
Umschlaggestaltung: Katharina Franz, kikdesign

Die Originalausgabe mit dem Titel *thrifty chic* wurde erstmals 2009 im Verlag Cico Books, einem Imprint von Ryland Peters and Small, 20–21 Jockey's Fields, London WC1R 4 BW, veröffentlicht.

Die Deutsche Nationalbibliothek verzeichnet diese Publikation in der Deutschen Nationalbibliografie; detaillierte bibliografische Daten sind im Internet über http://dnb.d-nb.de abrufbar.

Printed in China

ISBN 978-3-88472-972-4

Bitte richten Sie diese an:
Christian Verlag
Postfach 400209
80702 München
E-Mail: lektorat@verlagshaus.de

Inhalt

Einleitung

Schon immer musste man sehen, wie man mit seinem Einkommen auskommen konnte, und gerade in letzter Zeit ist der Begriff „Sparsamkeit" gerne in aller Munde. Wenn man es sich beispielsweise nicht leisten kann, seine Wohnung mit teuren Möbeln einzurichten, kann man den Zwang zur Sparsamkeit durchaus als inspirierend empfinden: weil man Dinge mit neuen Augen sehen lernen kann. Die schäbige alte Kommode – ließe sich die nicht abbeizen und neu streichen? Der gepolsterte Opastuhl – der bräuchte vielleicht einfach nur einen neuen Bezug? Und der alte Vorhang – aus dem ließen sich Patchworkkissen nähen, um die Sie von Ihren Freundinnen bewundert würden. Bei Trödlern, auf Flohmärkten und bei Pfandhaus- oder Fundbüroversteigerungen schöne Stücke für wenig Geld aufzustöbern und ein Schätzchen zu ergattern, ist ein ganz besonderer Spaß.

Sparsamkeit bedeutet aber nicht nur „Kaufen aus zweiter Hand". In Möbelhäusern und Geschenkeläden findet man heute ein breites Angebot an preiswerten Stücken in schlichten Designs, die ebenso gut in modernes wie klassisches Ambiente passen. Zusätzlich bieten Ausverkäufe, Fabrikverkäufe und Internetbörsen alle möglichen hervorragenden Dinge zu Schnäppchenpreisen. Die Schlüssel zum Erfolg sind erstens der Zeitaufwand für die Suche und zweitens Preis- und Markenvergleiche. Außerdem muss man wissen, was man will. Man sollte nie etwas nur deshalb kaufen, weil es ein Schnäppchen ist.

Die Räume, die wir für dieses Buch fotografiert haben, belegen, dass sparsam nicht mit billig oder abgenutzt gleichzusetzen ist. Sie sind in verschiedenen Stilen eingerichtet und allesamt mit wenig Geld selbst gestaltet von ihren Besitzern, die uns ihre Geheimnisse verraten haben. Wir hoffen, Sie finden die Einblicke auf den folgenden Seiten ebenso inspirierend wie wir.

KAPITEL EINS

Gestaltungs-elemente

Für ein stilvolles Zuhause muss man kein Vermögen ausgeben. Kleinigkeiten genügen, um den eigenen vier Wänden eine persönliche Note zu verleihen: Rollos, Kissen, Plaids, Bilder etc. Bei größeren Anschaffungen wie Sofas, Küchenschränken, Sanitärobjekten etc. in Kauf- oder Möbelhäusern sollte man die Stücke so schlicht und neutral wie möglich wählen und der Einrichtung dann mit interessanten Accessoires oder fantasievollen Dekorationen einen persönlichen Touch verleihen.

Textilien

1 Halten Sie Ausschau nach hübschen alten Vorhängen, die sich für Regale oder Wandnischen in Schlaf- und Badezimmern umarbeiten lassen.

2 Wenn's schnell gehen soll: ein Stück Voile einfach mit Wäscheklammern an einer vor dem Fenster gespannten Leine aufhängen.

3 Beleben Sie einfarbige Kissenbezüge, indem Sie sie bedrucken oder Knöpfe, kleine Zöpfe aus bunten Fäden oder Stoffapplikationen daraufnähen.

4 Diesen kompakten kleinen Sessel erstand die Besitzerin vor zwanzig Jahren. Sie hat ihn alle paar Jahre für relativ wenig Geld mit einem neuen Stoff bezogen. Hier zeigt er sich mit einem stilisierten floralen Muster, vorher war er je nach Wechsel des Einrichtungsstils mal mit Sackleinen, mal mit Karostoff bezogen.

5 Schauen Sie immer wieder in den Stoffabteilungen nach Reststücken. Achten Sie auf die Materialqualität und wählen Sie verschiedene Muster, aber gleiche Farben, um damit Bettkopfteile, Kissen oder Stuhlpolster dekorativ zu beziehen.

6 Suchen Sie nach gut erhaltenen (Woll-)Decken oder traditionellen Plaids auf Flohmärkten oder im Internet, die Sie – gereinigt – als Sessel- oder Bettüberwürfe verwenden können.

2

3

4

5

6

Farben und Lacke

1 Neu lackiert wird ein altes Möbel vom Trödler oder ein langweiliges Stück vom Baumarkt zum attraktiven Original. Den Farbton sollte man dabei auf die Wandfarben abstimmen, besonders in kleinen Räumen. Viele Hersteller produzieren Farben und Lacke in Produktgruppen mit aufeinander abgestimmten harmonischen Nuancen. Lassen Sie sich beraten, wenn Sie in der Farbwahl unsicher sind. Auf Seite 152 finden Sie praktische Tipps für den Anstrich von Möbeln.

2 Dielenböden zu streichen ist natürlich billiger als jede Art von Belag oder das Abziehen und Versiegeln, und weiße Böden hellen einen Raum auf. Anstrichfarben für Böden sind strapazierfähig und halten mindestens ein Jahr ohne auffällige Verschmutzung und Abnutzungsspuren, viele sogar noch länger. Die Anleitung zum Anstrich dieser Treppe mit „Läufer" finden Sie auf Seite 154.

3 Wenn man zwei benachbarte Räume gestaltet, die bei offenen Türen gleichzeitig einsehbar sind, sollte man darauf achten, dass ihre Farben in der Gesamtschau harmonisch zusammenwirken. Die Bonbonfarben an den Wänden und Decken der beiden Schlafzimmer zeigen, dass man dabei auch ganz verschiedene Farbtöne kombinieren kann. Nostalgische Pastelltöne eignen sich besonders gut für holzverkleidete Wände.

4 In vielen Jahren des Gebrauchs wurde die Lackschicht auf dieser Tischplatte total zerkratzt. Sie ist aber trotzdem (oder gerade deswegen) schön, außerdem muss man keine Angst vor Flecken haben. Wenn man ein gebrauchtes Möbelstück kauft, sollte man eine Zeit lang damit leben, bevor man beschließt, es zu restaurieren – oder aber auch nicht, denn die Alterspatina hat ihren besonderen Reiz.

Fenster

1 Fenster lassen sich für wenig oder gar kein Geld mithilfe kleiner dekorativer Gegenstände verschönern und betonen, zum Beispiel – wie in diesem Raum – mit Strandgut (Glasstückchen und Bernsteinen) oder anderen Fundstücken aus der Natur. Fensterdekorationen tragen entscheidend zum Erscheinungsbild von Innenräumen bei. Bei Altbauten – vor allem bei Häusern, die unter Denkmalschutz stehen – sollte man wenn irgend möglich die originalen Sprossenfenster erhalten.

2 Wenn niemand von außen Einblick ins Hausinnere hat, braucht man keine Vorhänge.

3 Lichtdurchlässige Folienbilder bieten Blickschutz, ohne den Raum abzudunkeln.

4 Hier wurde die Zugkordel eines Rollos mit einem Strandkiesel als Griff gestaltet. Wenn Sie keinen mit Loch finden, bohren Sie mit einem Steinbohrer (Baumarkt) eins hinein.

5 Fest stehende Fensterteile lassen sich wie Gesimse mit hübschen Dingen dekorieren.

1

2

3

4

5

Bilderrahmen

1 Zwei Bilder hängt man besser mittig untereinander statt nebeneinander über ein Beistelltischchen.

2 Von Kindern gemalte Bilder, schön gerahmt, passen hervorragend zu zeitgenössischen Grafiken.

3 Ein alter Stadtplan des eigenen Wohnortes macht sich gut in der Küche oder in der Diele neben der Haus- oder Wohnungstür. Außerdem kann man Gästen auf der Karte zeigen, welche Sehenswürdigkeiten wo zu finden sind.

4 Auch historische oder künstlerische Schwarz-Weiß-Fotos sind gerahmt ein Augenschmaus. Wählen Sie möglichst große Abzüge oder rahmen Sie kleinere in breiten Passepartouts.

5 Treppenhäuser eignen sich hervorragend als Bildergalerien. Hier wurden Fotos und Grafiken in harmonischen Farben und klaren Rahmen zusammengestellt. Die Wandfarbe sollte für derartige Kombinationen neutral sein, um die Bilder optimal zur Geltung zu bringen. Und achten Sie bei Aquarellen darauf, dass die Sonne nicht direkt darauf scheint, sie verblassen sonst leicht.

1

Beleuchtung

1 Ein Kristallkronleuchter setzt in einem schlichten Interieur einen kontrastreichen Akzent. Ein preiswertes Modell kann man mit hochglänzendem Metalllack einfach selbst veredeln.

2 Eine originelle Lampe können Sie mit wenig Aufwand aus einer ungewöhnlich geformten Flasche oder Vase sowie einem Lampenschirm und Elektroteilen vom Baumarkt herstellen.

3 Dieser Lampenschirm aus weißen Seidenrosen wurde auf einem Kunsthandwerkermarkt erstanden. Diese sind oft gute Quellen für ungewöhnliche Einrichtungsgegenstände und Wohnaccessoires.

4 Mit Lichterketten kann man nicht nur zu Weihnachten für festliche Beleuchtung sorgen.

2

3

4

Türbeschläge

1 Preiswerte Schränke oder Kommoden werden aufgewertet, wenn man deren gewöhnliche oder schäbige Griffe durch attraktive „Hingucker" ersetzt, die man beim Trödler oder auf Urlaubsreisen gefunden hat.

2 Mit bunten Ketten behängte Türknäufe wirken dekorativ und verleihen dem Raum einen Hauch von Boheme.

3 Ähnliche antike Schalengriffe findet man beim Trödler oder auf Flohmärkten. Wenn man beschädigte alte Möbel zum Sperrmüll gibt, empfiehlt es sich, Griffe und Beschläge aufzuheben.

4 Ein bemalter Porzellanknauf verleiht dem alten Küchentisch ganz besonderen Charme.

1

2

3

4

Porzellan und Glas

1 Die britische Designerin Lou Rata kauft Porzellanteller wie diese auf Flohmärkten und aus Wohnungsauflösungen, um sie dann mit ihren aufgemalten Insektendesigns in hochwertige Sammlerstücke zu verwandeln.

2 Sammlungen von Alltagsgegenständen können wunderschön sein und kosten nicht viel. Hier bieten auf der Fensterbank aufgereihte grüne und blaue Flaschen einen attraktiven Anblick. Glasobjekte kommen im Gegenlicht am schönsten zur Geltung, und die kühlen Farben wirken modern.

3 Bunte Blechteller wie diese auf einem Tellerbord dekorierten findet man auf Flohmärkten und in Antiquitätenläden. Von fern betrachtet wirken sie wie elegante Porzellanteller, sind aber unzerbrechlich. Die Becher gestaltete Designerin Cath Kidston.

4 Hübsche Gebrauchsgegenstände aus Pressglas (wie zum Beispiel diese Tortenplatten) findet man ebenfalls auf Flohmärkten, bei Trödlern oder in Gebrauchtwarenkaufhäusern. Sie kosten meist nicht viel; allerdings muss man unter Umständen viel Zeit aufwenden, um schöne Stücke aufzustöbern. Man kann nicht nur Torten und Kuchen darauf servieren, sondern sie einfach auch als Dekorationsobjekte nutzen.

5 Eine Sammlung ungewöhnlicher Glasgegenstände, auf einem marmornen Kaminsims gefällig arrangiert: zwei Flaschen in Form von Eiffeltürmen, drei mundgeblasene Kerzenständer und eine aparte Vase. Sie wirken nicht nur zusammen, sondern machen auch jedes für sich eine gute Figur. Einzelstücke sind übrigens meist preiswerter – und interessanter – als Paare. Wählen Sie ein Thema: statt Glas zum Beispiel Metallgegenstände oder Hölzer oder Keramiken.

Spiegel

1 Ein paar kleine Wandspiegel – für wenig Geld beim Trödler oder im Baumarkt erstanden – verbessern die Lichtverhältnisse eines Raums, wenn sie an der Wand gegenüber oder seitlich vom Fenster aufgehängt werden. Die hier abgebildeten Spiegel haben fast alle geschliffene Ränder. Da diese Art der Randbearbeitung in der ersten Hälfte des 20. Jahrhunderts weit verbreitet war, findet man solche Spiegel eher aus zweiter Hand als neu.

2 Antike Spiegel in Goldrahmen sind heiß begehrt. Sie sind zwar nicht billig, aber es lohnt sich, auch einmal in ein solch eindrucksvolles Einzelstück zu investieren.

3 Der alte Spiegel im schon leicht schäbigen weiß lackierten Rahmen über dem weißen Waschbecken strahlt maroden Charme aus. Einen solchen Spiegel aufzuhängen ist nicht nur billiger, als die Wand mit Spiegelfliesen zu bekleben, sondern verleiht einem Badezimmer auch eine individuelle Note. Beim Aufhängen sollte man die verschiedenen Körpergrößen der Familienmitglieder beachten.

1

2

4 Große alte Spiegel in massiven Holzrahmen sind meist zu schwer, um sie an die Wand zu hängen. Wenn man sie an die Wand lehnt, sollte man für ihren sicheren Stand sorgen (wo möglich, mithilfe einer auf den Boden genagelten Leiste), damit niemand ihn umstößt.

5 Der Rahmen dieses schlichten Spiegels erhielt einen neuen Anstrich in hellem Grau, damit er zu den neutralen Farben der Einrichtung passte. Bei der Hängung von Spiegeln sollte man berücksichtigen, welches „Bild“ sie in den Raum zurückwerfen werden. Ein aparter Kronleuchter und eine Backsteinwand mit einem Bild sind natürlich schöner als der Blick in einen hässlichen Hinterhof oder in eine Zimmerecke, die man nicht auch noch betonen möchte. Den Blick in den Garten will man aber sicher gern mit einem Spiegel an der gegenüberliegenden Wand verdoppeln.

3

4

5

Dekorative Arrangements

1 Beim Bestücken von Kaminsimsen und Beistelltischchen mit netten Kleinigkeiten empfiehlt es sich, ein einheitliches Thema zu wählen. Hier ist die Rose das verbindende Element.

2 Gebrauchsgegenstände wie Gläser und Kristallkaraffen schmücken ein Esszimmer. Das Bild zeigt Gläser in einem kleinen Hängeschrank (vom Trödler) und ein Arrangement auf dem Tischchen darunter, das mit Früchten und Pflanze ansprechend kombiniert wurde.

3 So unterschiedlich die Dinge auf diesem Kaminsims auch sind, sie haben alle etwas mit Napoleon zu tun und stammen aus seiner Zeit. Die Farben geben dem Raum eine wohnliche Note.

4 An einem mit Nägeln versehenen Rankgitter sind hier alle möglichen Küchenutensilien aufgehängt und ergeben ein dekoratives Bild.

Blumen

1 Getrocknete Blüten und Samenstände, an Fäden aufgehängt, halten lange und sehen auch im Winter noch hübsch aus.

2 Alte Konservendosen lassen sich zu durchaus attraktiven Pflanztöpfen umfunktionieren – und alte Emaillekannen zu Blumenvasen.

3 Wenn Sie jede Woche frische Blumen in der Wohnung haben möchten, genügen statt üppiger Sträuße auch „minimale Arrangements". Wenn Sie im Frühling einjährige Sommerblumen (Dauerblüher!) aussäen, können Sie bis in den Herbst hinein Blumen für die Vase schneiden.

4 Ein minimalistisches Arrangement aus wenigen gleichen Blüten wirkt oft edler und zeitgenössischer als ein bunter Strauß.

5 Auch einzelne Blüten ohne Beiwerk in alten Milchflaschen ergeben ein modernes Arrangement.

1

Naturaliensammlungen

1 Hübsche Steine sind vielerorts umsonst zu haben und lassen sich in Schalen, auf Tischen oder wie hier auf einer Fensterbank gefällig dekorieren. Flache, längliche Kiesel kann man sogar als Messerbänkchen benutzen, wenn man sich die Mühe sparen will, für jeden Gang neues Besteck zu decken.

2 Alte hölzerne Wäscheklammern, ein Stück Treibholz, Kiefernzapfen, Muscheln und runde Flusskiesel sind auf einem alten Tischchen angeordnet, zum Teil in Schalen, in einer großen Südseemuschel und einem Flechtkörbchen.

3 Die großen exotischen Muscheln sorgen im Holzkästchen für Ordnung und machen sich auch gut als Briefbeschwerer.

4 Bemalte Kiesel kann man als Briefbeschwerer, Türstopper oder einfach als dekorative Nippes verwenden.

5 Die alten, von der Sonne gebleichten Wäscheklammern sehen aus wie Strandgut und passen daher gut zu den kleinen Muscheln in einer großen Südseemuschel.

ERCHERON

Hauseingänge und Flure

Mit der Art, in der wir unseren Hauseingang dekorieren, bieten wir Besuchern einen ersten Blick auf unseren Wohnstil, und es kostet nicht viel, unsere Gäste mit einem geschmückten Eingangsbereich und einer heimeligen Diele zu begrüßen. Dort sind zwar Garderobe, Schuhschrank oder eine kleine Kommode für Handschuhe und ungeöffnete Post notwendig – aber die individuelle Wirkung entsteht erst mit den persönlichen Gegenständen: Bilder, Spiegel und Lampen bieten sich hier an.

Der erste Eindruck

Haustüren – ob Vorder- oder Hintertüren – geben einen Vorgeschmack auf den Stil der Inneneinrichtung. Sie sagen viel aus über die Vorlieben der Hausbesitzer, seien es nun Modernisten, Traditionalisten, im Grunde ihres Herzens Landbewohner, Modefetischisten oder architektonische Perfektionisten.

Gleich dahinter laden Dielen zum Betreten des Hauses ein. Zum Glück sind die meisten Dielen oder Flure relativ klein. Der Besucher geht mit nur wenigen Schritten schnell durch. Daher kann man sich eine extravagante Ausstattung leisten, ohne ein Vermögen ausgeben zu müssen. Wenn Sie Ihre Diele gestalten möchten, sollten Sie daran denken, dass sich Wandfarben und Lichtverhältnisse hier jedes Mal ändern, wenn die Haustür bewegt wird oder die Türen zu den angrenzenden Zimmern offen sind. Deshalb sollte das Farbschema für die Diele nicht nur auf die wechselnden Lichtverhältnisse, sondern auch auf die Farben der angrenzenden Räume abgestimmt werden.

Links Bei geöffneter Tür reflektieren die Wandspiegel das Tageslicht in den Dielenraum. Derartige kleine Spiegel kosten nicht viel, und die Rahmen kann man alle in derselben oder in aufeinander abgestimmten Farben streichen.

Rechts In Fluren oder Windfängen kann man Stiefel und andere nützliche Dinge aufbewahren. Man braucht dafür keine Schränke, denn selbst alltägliche Gebrauchsgegenstände wirken dekorativ, wenn man sie gefällig arrangiert.

HUNTER
HUNTER

Links Fensterbänke lassen sich auf verschiedenste Weise als Dekorationsflächen nutzen. Hier stehen gewöhnliche Flaschen aus blauem und grünem Glas aufgereiht. Auf Vorhänge kann man bei einem Fenster, das keinerlei Einblicke gewährt, gut und gerne verzichten.

Die Zentrale

Generell gilt zwar die Küche als das „Herz" jedes Hauses, aber auch das Treppenhaus hat Anspruch auf diesen Titel, weil es über zwei oder mehrere Etagen sämtliche Räume sowohl optisch als auch praktisch miteinander verbindet. Dielen und Treppenhäuser haben in den meisten Fällen große Wandflächen, die sich vorzüglich zum Aufhängen von Familienfotos, Sammlungen alter Hüte, Kinderzeichnungen und allem anderen eignen, was gerahmt werden kann. Dekorateure verwenden gerne den Trick, viele ähnliche, durchaus preiswertere Gegenstände zu gruppieren, um ihnen so mehr Wert zu verleihen. Mehrere Wandteller neben- und übereinander wirken zum Beispiel besser als nur ein oder zwei und vermitteln so den Eindruck einer Sammlung.

Ein Sammler geht zielbewusst bei Trödlern und Flohmärkten auf die Suche. Alte Pral nenschachteln, Zeitschriften, Plakate, Postkarten, Briefe und Menükarten kann man für wenig Geld erwerben und für die heimische Galerie rahmen.

Rechts Bei Farbwahl und Dekoration für ein Treppenhaus sollte man die Ausblicke in die Landschaft und etwaige Einblicke in die Innenräume – durch offene oder verglaste Türen – berücksichtigen. Auf Möbel kann man verzichten und sein Geld stattdessen für die Einrichtung der Zimmer ausgeben.

Farben in der Diele

Mit dem Öffnen der Türen ändern sich jeweils die Lichtverhältnisse und die Farbwirkung. So auch hier: Bei geschlossener Tür ist das Bild gedämpft; nur der rote Lampenschirm setzt einen starken Farbakzent. Bei geöffneter Tür dagegen fällt der Blick auf kräftiges Kornblumenblau und Türkis – eine stark plakative Wirkung. Manchmal herrschen in einem Flur unterschiedliche Lichtverhältnisse. Deshalb sollte man den gewählten Farbton zunächst nahe beim Fenster und dann in einem dunklen Abschnitt des Flurs ausprobieren. Beim Aufhängen von Bildern und Beleuchtungskörpern darf man nicht vergessen, dass diese durch offene Türen auch vom Flur aus zu sehen sind. In diesem Beispiel stellen die zwei roten Lampenschirme eine Verbindung zwischen Flur und Toilettenraum her.

Oben und linke Seite Wenn die Tür zur Toilette geschlossen ist (oben links), wirkt der in Hellgrau gehaltene Flur im Obergeschoss kühl und ruhig. Nur der rote Lampenschirm setzt einen lebhaften Farbakzent. Wenn die Tür offen steht und das Kornblumenblau der Wand in den Flur hineinstrahlt, wirkt er ganz anders – und wieder anders, wenn man die gegenüberliegende Tür zum Bad öffnet.

Links oben Kristallleuchter wie diesen gibt es in vielen Varianten in Antiquitätenläden und auf Auktionen. Preiswerte Modelle sind aber auch in Kauf- und Möbelhäusern erhältlich. Wählen Sie eine Form, die Ihnen gefällt – und gestalten Sie den Leuchter individuell mit Farbe, Glasperlen oder Dekozubehör aus dem Bastelgeschäft.

Treppen und Stauräume

Treppenläufer sind unter Umständen die teuersten Ausstattungsstücke für die Stufen nach oben ... Der hier gezeigte aufgemalte Läufer wirkt täuschend echt und kostet einen Bruchteil des Geldes, das man für einen echten ausgeben müsste. Bevor man mit dem Streichen beginnt, wird die Breite der Streifen mit Klebeband markiert. Bodenlacke sind heute sehr viel strapazierfähiger als früher, und selber streichen ist in jedem Fall die billigste Option. Bei der Auswahl eines Teppichs für eine Treppe sollte man sich für sehr strapazierfähige Ware entscheiden. Billige Qualität ist riskant, da sie sich an den Stufenkanten schnell abnutzt und dann nicht mehr rutschsicher ist.

Wenn ein mehrstöckiges Haus keine oder nicht genügend Abstellkammern hat, kann man die Treppenabsätze mit Garderobenhaken, schmalen Regalen, Hochkommoden oder Konsolen ausstatten und so zusätzlichen Stauraum und Ablagen gewinnen. Der Raum unter Treppen wird gerne als Aufbewahrung genutzt. Am besten installiert man hier Regale, damit man die dort untergebrachten Dinge auch wiederfindet.

Linke Seite großes Bild und oben rechts Ein aufgemalter Treppenläufer ist wesentlich billiger als ein richtiger und sieht dabei genauso gut aus. Jede Lackschicht braucht mindestens 24 Stunden, um gut durchzutrocknen (Arbeitsanleitung S. 154).

Linke Seite unten rechts Hohlräume unter Treppen eignen sich hervorragend als Abstellkammern. Hier wurde ein Flaschenregal integriert. Die Front besteht aus einer MDF-Platte, in die Löcher gesägt wurden.

Oben rechts Wenn der Treppenlauf eine Biegung macht, muss der Streifenverlauf entsprechend angepasst werden.

Unten rechts Bei der Ausstattung eines Flurs kann man sich von den Mustern und Farben eines Lieblingsschals oder anderer Textilien inspirieren lassen.

JAMIE OLIVER
15:01

Küchen und Esszimmer

Die Küche oder das Esszimmer komplett oder auch nur teilweise zu renovieren und neu zu möblieren, kostet normalerweise viel Geld und Arbeit. Dieses Kapitel gibt Anregungen und Tipps zur Installation einer Designer-Einbauküche zum Discountpreis oder einer Kücheneinrichtung aus Brettern und Backsteinen. Außerdem wird verraten, wie sich Esszimmer passend zum Stil der Küche einrichten lassen.

BREAD

Von Grund auf neu

Die auf diesen Seiten gezeigte Küche wurde komplett renoviert und neu eingerichtet, und zwar für relativ wenig Geld. Das Ergebnis braucht dennoch den Vergleich mit dreimal so teuren Designerküchen nicht zu scheuen.

Einige Arbeiten wie bauliche Veränderungen, Klempner- und Elektroinstallationen sollten in jedem Fall von Fachleuten erledigt werden. Alles andere wäre Sparen am falschen Ende. In dieser Küche wurden das Fenster vergrößert und Decken- und Wandstrahler eingebaut. Beim Herdkauf wurde Wert auf Robustheit statt auf luxuriöse Ausstattung gelegt. Am Fußbodenbelag und an den Küchenmöbeln (vom Baumarkt) wurde dann allerdings gespart. Die Schranktüren im Shaker-Stil wurden cremeweiß lackiert; die Arbeitsflächen bestehen aus Marmorplatten. Es mag seltsam anmuten, billige Unterschränke mit Marmor abzudecken, aber gerade dadurch wirkt die Küchenzeile hochwertiger, als sie in Wirklichkeit ist. Sparen Sie Geld und Stellfläche, indem Sie über der Arbeitsplatte geschlossene Hängeschränke oder offene Wandregale anbringen. Preiswerte Ausstattungsgegenstände wurden für diese Küche umfunktioniert, so etwa das Stück Installationskupferrohr über dem Herd oder der an der Decke befestigte Wäschetrockner. Der alte Dielenboden wurde lediglich geschrubbt und weiß lasiert.

Linke Seite Halbhohe Schränke und Großgeräte wie Herd und Kühlschrank geben dem Küchenraum Weite. Im Schrank links neben dem Spülbecken befindet sich der herausklappbare, zweigeteilte Müll- und Bioabfalleimer. Die Marmorplatte kauften die Hausbesitzer im Steinplatten-Großhandel.

Oben rechts Diverse Küchenutensilien sind hier an einem Wäschetrockner im traditionellen englischen Stil aufgehängt.

Rechts Mitte Ein an der Wand über dem Herd befestigtes Stück Kupferleitungsrohr dient hier der Aufbewahrung von Sieben und Schöpflöffeln an Fleischerhaken.

Unten rechts Die dicken Bretter dieses Wandregals auf einzelnen Eisenhaltern waren ursprünglich Gerüstplanken. Ähnliche Winkeleisen findet man mit ein wenig Glück im Altbaustoffhandel.

Links Verschiedene Stühle vom Trödler, das Korbsofa, die große alte Wanduhr und eine hübsche Wachstuchdecke auf dem Tisch machen diese Wohnküche zu einem freundlichen, einladenden Ort – man spürt, wie liebevoll alles arrangiert ist.

Unten Alte Becher und Gefäße aus Blech und Keramik dienen hier als Stifthalter. Korbmöbel sehen selbst dann noch gut aus, wenn sie schon älter und etwas abgenutzt sind. Man kann sie neu streichen, am besten mit Acrylfarbe, die geschmeidiger bleibt und von dem Rohrgeflecht nicht so leicht abblättert wie Latex- oder Emulsionsfarben.

Unten rechts Von allen Einrichtungsgegenständen war der Wasserhahn mit flexiblem Schlauch und Brausekopf das teuerste Stück.

Auf der linken Seite ist die Essecke der auf den Seiten 40–41 gezeigten Wohnküche abgebildet. Tisch, Stühle, Korbsofa, Kommode und Schrank wurden bei Auktionen, auf Flohmärkten und bei Trödlern erstanden. Ähnliche alte Stühle sind im Allgemeinen nicht schwer zu finden – auch paarweise. Je nach verfügbarer Zeit und Neigung kann man verschieden lackierte Exemplare abbeizen und einheitlich in einer Farbe neu streichen. Andererseits strahlen alte, leicht abgewetzte Einzelstücke einen gewissen maroden Charme aus, womit sie die Kälte moderner Kühlschränke oder Mikrowellengeräte kompensieren. Ein hässlicher Tisch lässt sich unter einer hübschen Tischdecke verstecken, die man feucht abwischen kann. Deshalb kann man ruhig den billigsten Tisch kaufen – nur stabil muss er sein. Ein Korbsessel oder -sofa macht sich ebenso gut in der Küche wie im Garten.

Französisch inspiriert

Eine in einer Mischung aus zeitgenössischem Design und französischen Antiquitäten eingerichtete Küche ist besonders reizvoll, wie man hier sieht. Zur einfachen Grundausstattung gehören ein Standard-Gaskochfeld, ein Einbauherd sowie schlichte Unterschränke, aber die Arbeitsplatte besteht aus dem extrem robusten Material Corian®, das seit inzwischen mehr als vierzig Jahren auf dem Markt ist. Die Hausbesitzer haben die Einrichtung um die antiken Möbel, Utensilien und Geschirrteile ergänzt, die sie von Flohmärkten, Antiquitätenläden und Urlaubsreisen im Ausland mit nach Hause brachten.

Was dem einen nichts ist, ist dem andern alles. Das gilt auch für die Dinge, die unsere Freunde aussortieren und abstoßen wollen. Das cremeweiß lackierte Tellerbord in dieser Küche stammt zum Beispiel aus der Wohnungsauflösung einer mit den Hausbesitzern befreundeten Familie. Da Gasherde ein Brandrisiko darstellen, sollte man beim Aufhängen von Holzregalen an der Wand darüber die nötige Sicherheitshöhe einhalten.

Oben links Diese alten Vorratsdosen aus Keramik entdeckte die Hausherrin auf einem Pariser Flohmarkt. Auf Urlaubsreisen im Ausland kann man sich in Tourismusbüros auch über Orte und Zeiten von Floh- und Antikmärkten informieren.

Unten links Die Corian®-Spüle war vor zwanzig Jahren sehr teuer, sieht aber immer noch wie neu aus und beweist, dass es sich auf Dauer bezahlt macht, in hochwertige, langlebige Produkte zu investieren.

Rechte Seite Ein Möbeltischler in der Provence fertigte diese rustikalen Stühle aus dicken Holzbohlen und Eisengestellen an. Auch der Tisch und das Porzellan sind französischen Ursprungs.

CHANEL
PELLEGRINO

Links Diese Küche aus den 1930er-Jahren wurde renoviert. Wände, Wandregale und Unterschränke wurden ganz in Weiß neu gestrichen und die Herdnische weiß gefliest. Der Teakholztisch und die Stühle standen früher im Garten und strahlen wettergegerbten Charme aus.

Unten Die Farbe Weiß sorgt immer für ein ruhiges Erscheinungsbild. Hier wurde sogar der Besteckkorb weiß gestrichen.

Rechte Seite unten links Unterschränke und ein Tellerbord an der Wand darüber wirken wie ein alter Küchenschrank mit Aufsatz. Darin kommen Sammlerstücke gut zur Geltung.

Rechte Seite unten rechts Die Spülecke wurde nicht verändert – bis auf die neuen weißen Fliesen.

Ländliche Frische

In ein altes Haus eine neue Küche einbauen, ist teuer. Sparen Sie lieber das Geld und machen Sie das Beste aus dem, was Sie vorfinden und mitbringen. In der hier abgebildeten Küche stammen Täfelung, Tür und Unterschränke aus Spundbrettern noch aus den Dreißigern, wirken aber – weiß lackiert – immer noch frisch und vor allem gemütlich. Werden die Einbaumöbel im selben Farbton wie die Wände gestrichen, treten sie optisch zurück – ein guter Kunstgriff, wenn man deren Stil nicht so mag.

Auch die Wandregale in dieser Küche sind alt. Selbst wenn man die Einrichtung erneuert, sollte man offene Regale in Betracht ziehen, denn sie sind billiger als Hängeschränke und lassen eine kleine oder schmale Küche geräumiger erscheinen.

Legere Esszimmer

Früher waren Esszimmer repräsentativ mit eleganten, großen, meist dunklen Möbeln eingerichtet. Heute sind die Menschen entspannter und halten gutes Essen und gute Tischgespräche mit den Gästen für wichtiger als die Möblierung, weshalb Esszimmer vielfach hübscher und einladender aussehen als noch vor hundert oder fünfzig Jahren.

Wer das Glück hat, ein Haus mit einer ungewöhnlichen Architektur oder einer fantastischen Aussicht zu besitzen, sollte es so schlicht wie möglich möblieren, um seine Besonderheiten zur Geltung zu bringen. In diesem Beispiel ist der Meeresblick das Wichtigste und lieferte die Inspiration für den Einrichtungsstil.

Rechte Seite Die schlichten Formen und Linien der alten Windsorstühle passen perfekt in dieses Holzhaus am Meer.

Unten Das Tischchen und der schmale halbhohe Schrank, die unten links und rechts abgebildet sind, wurden zusammen in einem Antiquitätenladen gekauft. Wenn man sich Zeit nimmt, findet man bei regelmäßigen Besuchen beim Trödler sicher schöne Stücke, die nicht viel kosten.

Unten links Die Schwester der Hausbesitzerin nahm das Foto auf, das gerahmt über dem Beistelltischchen hängt. Alte Telefonapparate wie der abgebildete sind immer noch für wenig Geld zu haben, inzwischen aber meist nur noch zu Dekorationszwecken zu gebrauchen.

Reisefundstücke

Dieses heimelige Esszimmer befindet sich in einer Stadtvilla und strahlt ländliches Flair aus – das muss kein Widerspruch sein. Die Hausherrin brachte die Accessoires von Auslandsreisen mit nach Hause. Den alten Tisch – perfekt für eine kinderreiche Familie, da die lackierte Tischplatte eh schon zerkratzt ist – fand sie bei einem Trödler aus der Normandie. Auch andere Einrichtungsgegenstände stammen von Flohmärkten und Antiquitätenhändlern aus ganz Europa.

Die Vorhänge sind ebenfalls aus zweiter Hand und wurden passend gekürzt. Den heute cremeweiß lackierten Schrank ließen die Vorbesitzer im Haus stehen. Früher hatte er durchbrochenes Schnitzwerk und Messinggriffe, das dunkelbraune Holz war nur poliert. Mit Möbeln, für die man nur wenig oder gar nichts bezahlt hat, kann man sich solche Experimente leisten, und es ist manchmal erstaunlich, was eine künstlich alterspatinierte Schicht Farbe bewirken kann.

Linke Seite Ein alter Spiegel im Goldrahmen (vom Flohmarkt) sieht trotz – oder vielleicht gerade wegen – der fleckigen Spiegelfläche attraktiv aus. Sie zu ersetzen wäre ein Fehler, denn neue Spiegel wirken kalt. Hängelampen mit emailliertem Blechschirm sind neu oder gebraucht in vielen Geschäften erhältlich.

Unten Im ganzen Haus finden sich kleine dekorative Arrangements wie dieses, die jeweils nur aus wenigen Gegenständen und Pflanzen bestehen. Solange die Wände ruhig gestaltet sind und die Möbel sich nicht in den Vordergrund drängen, kommen solche Zusammenstellungen gut zur Geltung.

Unten Mitte Ein kleiner, in Madrid gekaufter Glasschrank hängt hier über einem alten Eisentischchen, einem Flohmarktkauf aus Frankreich.

Unten rechts Ähnliche Kissenhüllen kann man selbst besticken oder mit Stofffarben bedrucken.

Links Schlanke Edelstahlgriffe verleihen den preiswerten Standard-Unterschränken einen Hauch Eleganz. Die Wandfliesen haben ebenfalls nicht viel gekostet, sind hier aber – für geflieste Flächen ungewöhnlich – im Ziegelmauerverbund verlegt. Die Behälter-Pinnwand ist ein zeitloser Designklassiker.

Rechte Seite:
Oben links Zu dritt aufgereiht wirken diese nostalgischen Glaslampen attraktiver als eine allein.

Oben rechts Essig- und Ölflaschen, Gewürzmühlen, Zuckerstreuer, Vorratsdosen ... alles steht griffbereit neben dem Herd.

Unten rechts Der Küchenschrank wurde nach den Angaben der Innenarchitektin aus preiswerten Teilen (darunter Fliegengitter für die Türen) angefertigt.

Urbane Moderne

Wer seine vier Wände für wenig Geld einrichten will oder muss, braucht sich nicht auf einen bestimmten Stil festlegen oder nur Flohmarktfunde verwenden. Bei der Einrichtung dieser Küche zum Beispiel musste Innenarchitektin Clare Nash mit einem knappen Budget auskommen. Sie wählte Schränke vom Möbeldiscounter, einfache weiße Wandfliesen und für den Küchenblock eine Edelstahlplatte, die sie von einer Stahlbaufirma zuschneiden ließ, die sonst nur selten für private Kunden arbeitet.

Die dezente Farbwahl und die geschickte Nutzung moderner Materialien lassen diese Küche edel und hochpreisig wirken. Holz und Farben wurden auf ein Minimum beschränkt, die Flächen weisen keinerlei Muster auf. Das ganze Geschirr und fast alle Küchenutensilien sind in den Schränken untergebracht; die wenigen herumstehenden Gegenstände sind modern und schmucklos.

Herde und Kühlschränke mit Edelstahlfronten wurden früher ausschließlich von Gaststätteneinrichtern angeboten – es lohnt sich, einmal einen solchen Händler aufzusuchen, um sich über das Angebot zu informieren. Für Arbeitsplatten in einem ungewöhnlichen Format empfiehlt sich der Blick in die Gelben Seiten oder ins Internet: Metallbaufirmen dürften hier deutlich günstiger sein als ein Küchenstudio.

Im Wintergarten speisen

Mit ihren raumhohen Glastüren, -wänden und -dächern nutzen Wintergärten sowohl das Tageslicht als auch den Blick in den Garten optimal aus. Hier zeigen wir ein Beispiel, bei dem die Kosten für Architektenentwurf und Bauausführung nur wenig finanziellen Spielraum für die Einrichtung ließen.

Gebrauchte Möbel sind in diesem Fall ideal, denn eine Farbveränderung durch das einfallende Sonnenlicht unterstreicht den antiken Effekt. Die unterschiedlichen Stühle an diesem Tisch wurden einzeln oder paarweise über Jahre gesammelt, passen aber dennoch gut zusammen, weil sie alle aus derselben Zeit stammen. Einer ist sogar ein moderner Designklassiker von Charles Eames. Es lohnt sich übrigens, sich mit den Möbelentwürfen einiger Gestalter der klassischen Moderne vertraut zu machen, denn ihre besten Stücke sind im Antiquitätenhandel oder in Form von Reeditionen in Möbelgeschäften für gehobene Ansprüche erhältlich.

Aber auch neue Gartenmöbel passen gut und müssen nicht teuer sein. Man kann sie äußerst wirkungsvoll mit ein oder zwei ausgefallenen Einzelstücken wie dem hier abgebildeten großen Spiegel in barock wirkendem Goldrahmen kombinieren.

Oben rechts Die Wahl eines antiken Spiegels kann man ruhig „aus dem Bauch heraus" treffen. Ein so ausgefallenes Exemplar wie dieser passt in fast jedes Interieur. Antiquitäten eignen sich übrigens weniger als Investitionsobjekte – es geht mehr darum, dass Sie sich mit dem schönen Stück wohlfühlen.

Unten rechts Mit einzelnen auffallenden Blumen setzt man farbige Akzente in neutral gestalteten Räumen.

Rechte Seite Hellgrau gestrichene Wände und dunkle Fensterrahmen sind der ideale Hintergrund für jeden Einrichtungsstil und lassen Deko-Elemente edel wirken.

Glas über Glas

Viktorianische Tortenplatten aus Pressglas in einem Raum mit hellgrau gestrichenen Spundbretterwänden? Da denkt man sofort: altmodisch und geschmacklos. Hier wirkt das aber im Gegenteil originell und modern. Das Geheimnis derartiger Arrangements liegt im „gemeinsamen Nenner" der einzelnen Objekte. Hier ist jede Tortenplatte anders, aber alle wurden etwa zur selben Zeit und im selben Fabrikationsverfahren hergestellt. Manchmal ist der Esstisch nicht groß genug, um allen Gästen genug Platz zu bieten. Wenn man zur Verlängerung des Esstischs einen Beistelltisch anschafft, kann man diesen für dekorative Arrangements geliebter Sammelstücke nutzen, die bei Bedarf rasch abgeräumt sind.

Links Tortenplatten aus Pressglas auf dem Tisch in der Fensternische ergeben einen attraktiven Rahmen für den Blick hinaus auf die Küstenlandschaft.

Rechte Seite Im 19. Jahrhundert wurde das Pressglasverfahren speziell für die Produktion von Glastürknäufen erfunden, kam aber schon bald auch zum Einsatz in der Produktion billiger Massenwaren, die auf den ersten Blick wie geschliffenes Bleikristall aussehen. In Viktorianischer und späterer Zeit produzierte Schalen, Vasen, Tortenplatten und Teller aus Pressglas mit imitiertem Kristallschliff sind nicht nur schön, sondern vielfach auch noch preiswert auf Flohmärkten oder in Antiquitäten- und Trödelläden zu finden.

Unkonventionell gemischt

Die hier gezeigte Küche in einem Ferienhaus am Meer ist wahrscheinlich die billigste von allen in diesem Buch. Die Einbauten Marke Eigenbau entstanden zum Teil aus Gerüstplanken und alten Backsteinen, die übrige Einrichtung besteht aus geschenkten Möbeln und Schnäppchen vom Trödler.

Ähnliche Möbel kann man sicher auch heute noch finden, wenn man die Wohnung oder das Haus der Eltern oder Großeltern leer räumen muss. Oft landen solche als total altmodisch und wertlos geltenden Stücke auf dem Müll, aber viele der von 1900 bis in die 1950er-Jahre für den Massenmarkt produzierten Möbel sind formschön und solide gebaut. Die Stühle in dieser Küche sind zum Beispiel über 50 Jahre alt und werden mindestens noch einmal so lange halten. In den Fünfzigern waren Vorhänge statt Schranktüren vor offenen Regalfächern sehr populär, weil sie billig, leicht selber zu nähen und beliebig oft durch neue ersetzbar waren.

Rechte Seite Die ehemalige Kaminnische wurde mit Brettern bestückt und so zum offenen Geschirrschrank umfunktioniert. Rechts daneben steht ein alter Aktenschrank, in dessen Schubladen die Kochtöpfe verstaut sind. Die Küchenstühle aus den 1960er-Jahren und der Tisch mit emaillierter Metallplatte sind typisch für die Art Möbel, die häufig auf dem Sperrmüll landen.

Unten links Ein hübscher, selbst genähter Vorhang verdeckt, was nicht gesehen werden soll.

Unten Mitte Die weißen Standardfliesen an der Wand und auf der Ablagefläche waren nicht nur preiswert, sie sind auch pflegeleicht.

Unten rechts Der Spülstein Marke Eigenbau besteht aus dem rustikalen Ausgussbecken und verputzten Betonsteinen als Unterbau. An der Wand hängt ein alter Plan der Gegend, in der das Haus steht.

Um die Renovierungskosten so niedrig wie möglich zu halten, beschlossen die Besitzer dieses Ferienhauses, so weit wie möglich alte Materialien wiederzuverwenden. Die offenen halbhohen Regale neben Herd und Spüle sowie die Bank unter dem Fenster wurden aus alten Backsteinen als Seitenwangen und Gerüstplanken als Regalbretter, Arbeits- oder Sitzflächen gefertigt. Die Backsteine wurden sauber verputzt und gestrichen, die Arbeitsflächen weiß gefliest; auf die Bank kamen mit blau-weiß gestreiftem Matratzenstoff bezogene Kissen.

Der Kühlschrank sollte nicht sofort als solcher erkennbar sein, deshalb bekam er ein Regal aus Gerüstplanken mit einem Fach für die Mikrowelle, das sich mit einem kleinen Vorhang verdecken lässt. Und die Kühlschranktür bekam mithilfe eines extrastarken Klebers und einer passenden Brettertür das Aussehen eines üblichen Küchenschranks. Weiß als die vorherrschende Farbe bildet auch hier den Rahmen.

Rechte Seite Weiße Farbe und blau-weiß gestreifte Polster verleihen dieser Bank nautisches Flair, unterstützt von den Muscheln und Steinen auf der Fenstersprosse und dem Täfelungsgesims. Als Vase dient ein alter Thermosbehälter.

Unten links Ein einzelnes langes Regalbrett oberhalb der gefliesten Wandfläche dient als Ablage für häufig benutzte Dinge wie Vorratsdosen, Teekannen und Gewürze.

Unten rechts Gerüstbretter bilden einen Rahmen um den Kühlschrank, dessen Front mit einer Holztür beklebt wurde.

DEAL & WALMER
THERMOS

Entspannte Eleganz

Dieser ruhige, hübsche Raum in hellen, neutralen Farben wirkt sowohl elegant als auch lässig bequem. Für alle, die diese Art Raumwirkung anstreben, ist Einfachheit oberstes Gebot – und das zweite heißt Beschränkung der Farbpalette.

Um die subtil nuancierte Wirkung der hier gezeigten Raumausstattung zu erzielen, konsultiert man am besten Farbmusterbücher und -karten, die verschiedene Tönungen zeigen. Das Weiß der Wände in diesem Raum bekam ein wenig Grau hinzugemischt, die Lacke der Holzoberflächen und Heizkörper wurden bereits etwas kräftiger grau abgetönt und der Spiegelrahmen bekam einen wiederum dunkleren Grauton. Die auffallende Wirkung des großen Spiegels ist raffiniert gewählt, die übrigen Gegenstände – Tischlampe auf dem Beistelltisch, Kronleuchter, alte französische Stühle – ordnen sich ganz selbstverständlich in das Arrangement ein.

Sogar der alte Rippenheizkörper wirkt dekorativ, weil in unserer Zeit ungewohnt. Wenn man ihn heute im Altbaustoffhandel kauft, ist er nicht ganz billig und muss sich – frisch lackiert – durchaus nicht verstecken.

Linke Seite Die Kombination von drei hellen Grautönen, dem alten Esstisch und bequemen alten Stühlen aus Frankreich schafft eine ruhige, entspannte Raumatmosphäre.

Rechts Dieses Erdgeschossfenster geht zur Straße, aber ein einfaches Stück Stoff, wie zufällig über eine „Wäscheleine" geworfen, verwehrt neugierigen Passanten den Blick ins Esszimmer.

Linke Seite Öffnet man die Flügeltüren zwischen der Küche und dem Wohnbereich im Erdgeschoss, entsteht ein langer durchgehender Raum. Wer einen vergleichbaren Grundriss hat, sollte sich gut überlegen, wie die Einrichtung von den Enden aus gesehen wirkt.

Oben links Die Marmorplatten stammen aus einem Fischladen und wurden passend umgearbeitet.

Oben rechts Diese Schalenstühle aus Kunststoff (Entwurf: Verner Panton) sind heute moderne Möbelklassiker. Sie sind nicht nur bequem und leicht, sondern auch einfach zu pflegen.

Offene Räume

Designmöbel aus den 1950ern und später sind auf Auktionen und in Gebrauchtmöbelläden oft zu finden und eignen sich hervorragend für offene Wohnbereiche. Viele dieser Möbel sind heute „moderne Klassiker“, so etwa die Schalenstühle von Verner Panton. Dabei sind Mischungen aus antik und modern von besonderem Reiz. Wirklich gutes Design ist ohnehin zeitlos und passt überall hin. Bevor sie in diesem umgebauten Schulhaus aufgestellt wurden, schmückten die Verner-Panton-Stühle eine viktorianische Stadtvilla und davor ein Landhaus. Die Polstersessel stammen aus einem Schlussverkauf in den 1980er-Jahren und wurden seitdem mehrfach neu bezogen.

Die Abbildungen auf dieser Seite zeigen das andere Ende des offenen Küchen-, Wohn- und Essbereichs. Alle offenen, weiten Räume erfordern große Möbel. Wenn Sie also in ein größeres Haus, ein geräumiges Loft oder eine umgebaute Speicher- oder Fabriketage umziehen, könnten dort einige Ihrer bisherigen Möbel klein und mickrig wirken.

Nur die wenigsten Leute haben Platz für große Sofas und wuchtige alte Tische, daher sind etliche solche Stücke in Gebrauchtwarenhäusern gut erhalten und vor allem billig zu haben. Davon profitieren vor allem diejenigen, die große Altbauwohnungen, Lofts oder Fabriketagen für wenig Geld einrichten wollen.

Oben links Der Esstisch stand früher in einer Schule, seine Platte wurde von vielen Kinderhänden zerkratzt. Deshalb müssen sich die neuen Besitzer auch keine Sorgen über weitere Beschädigungen machen.

Oben rechts Das schlichte, kastenförmige Sofa war im Ausverkauf günstig neu zu bekommen.

Oben links Raumecken – hier zwischen der Küche und dem großen Wohnzimmer – füllt man am besten mit einem schmalen Schrank oder einer Eckvitrine.

Oben rechts Dieser schöne französische Vitrinenschrank stand früher in einem Hutladen. In der Schublade wurden Hutnadeln und andere Accessoires aufbewahrt. Die jetzigen Besitzer nutzen ihn, wie man sieht, als Geschirrschrank. Auf S. 152 finden Sie die Arbeitsanleitung für den neuen Anstrich.

Große neue Möbel sind teuer, deshalb muss man im Fall beschränkter Mittel die Einrichtung strategisch planen: Maße nehmen, Farbschema wählen, nach Sonderangeboten und Fabrikverkäufen im Internet suchen. Bei der Wahl eines großen Sofas sollte man darauf achten, dass kompakte Formen und neutral einfarbige Bezüge langfristig die größte Flexibilität bieten – sie passen besser zum Rest der Einrichtung und man sieht sich an ihnen nicht so schnell satt, denn Muster kommen schnell aus der Mode. Außerdem ist die Qualität wichtig, Federung und Stoff sollen ja einiges aushalten. Und schließlich sollte man vor dem Kauf unbedingt Probe sitzen und das Sofa auf Bequemlichkeit testen.

Schimmernder Putz

Statt die Wände zweimal mit Latex- oder Emulsionsfarbe zu streichen, kann man sie auch mit einem Feinputz verputzen und anschließend entweder mit Holzleim behandeln oder polieren. Letzteres ist besser für Häuser, die älter als 150 Jahre sind, da so bearbeitete Wände besser „atmen" können.

Diese Wohnküche wurde von der Designerin und Decoupage-Expertin Lou Rota ausgestaltet. Auf dem Tisch sind ihre Geschirrteile, den Rahmen des rechten Fensters hat sie mit Naturobjekten dekoriert und an der Decke über dem Tisch Teelichter in Glaskugeln aufgehängt. Die zum Teil unterschiedlichen Stühle fand sie in Trödelläden, die modernen Schrankelemente bei einem Möbeldiscounter. Sie empfiehlt, bei Preisverhandlungen auf dem Flohmarkt oder bei privaten Verkäufen Papier und Bleistift zu zücken (das wirkt professionell) und wie beiläufig und eher desinteressiert nach dem Preis zu fragen.

Unten links Mit Lichterketten kann man ein Zimmer das ganze Jahr über festlich beleuchten – nicht nur zu Weihnachten. Die alten Porzellanteller auf dem Esstisch hat die Designerin Lou Rota zusätzlich mit Käfern bemalt.

Unten rechts Ähnliche Krüge und Teller findet man für wenig Geld auf Flohmärkten, bei Trödlern oder in Gebrauchtwarenhäusern.

Rechte Seite Decke und Wände dieser Wohnküche wurden verputzt und dann mit Holzfirnis bearbeitet. Sie schimmern sanft im Licht und lassen den Raum warm und freundlich wirken. Die Einrichtung ist eine Mischung aus schlichtem Alt und Neu – auf dem polierten Holztisch kommt Lou Rotas geblümtes Sammelgeschirr, das sie mit verschiedenen Käfern bemalt hat, wunderbar zur Geltung.

Diese Küche ist ein Beweis dafür, wie edel und individuell preiswerte Schrankelemente vom Möbeldiscounter in Kombination mit einer hochwertigen Arbeitsplatte mit Spüle wirken können. Das Einrichtungsthema heißt „Weiß mit Edelstahl" und findet sich in der einen oder anderen Form überall in der Küche wieder: Kochutensilien, Herd, Mülleimer und Kühlschrank bilden die Stahlfraktion, Schränke, Arbeitsflächen, Geschirr und Wand vertreten die Farbe Weiß. Diesen Stil kann man leicht kopieren, indem man preiswerte mit luxuriösen Elementen kombiniert und nach und nach mit interessanten Fundstücken ergänzt. Farben bringt man in den Raum, indem man die Wände farbig streicht oder verputzt und poliert wie in dieser Küche. Bilder lockern eine allzu strenge Atmosphäre auf.

Oben links Preiswerte Unterschränke vom Möbeldiscounter sind hier mit einer Arbeitsplatte aus Staron® kombiniert, einem auf Acryl basierenden Werkstoff. Ähnlich wie Corian® ist auch Staron® robust und langlebig und wird daher vor allem für Arbeitsflächen und Sanitärobjekte in Restaurants, Schulen, Hotels und Krankenhäusern verwendet.

Oben rechts Die dicken Regalbretter bestehen aus Holz, das erst mit Rigipsplatten verkleidet und dann verputzt wurde, um das Regal der Wand anzupassen. Vor diesem Hintergrund kommen die darauf abgestellten Gläser und weißen Geschirrstapel aufs Beste zur Geltung.

Oben links Spülbecken, Abtropfbrett und Arbeitsfläche sind aus einem Stück gefertigt und passen gleichermaßen zu modernen wie zu konventionellen Küchen. Auf den Sammelstücken krabbeln wieder Lou Rotas dunkle Käfer.

Oben rechts Der raumhohe Küchenschrank am Ende der Küchenzeile hat ein großes Fassungsvermögen, tritt aber optisch zurück, weil seine Seitenwand wie die Küchenwand in Wischtechnik mit Farbe bearbeitet wurde, während Kühlschrank, Herd, Dunstabzugshaube, verschiedene Utensilien und auch der Mülleimer für metallischen Glanz sorgen.

Die L-förmige Anordnung der Schrankelemente mit Einbauspüle unter dem Fenster und rechts davon der Küchenzeile mit den Regalelementen bietet ausreichend Stauraum, Stell- und Arbeitsflächen. Kochutensilien sind nicht in Schubladen versteckt, sondern hängen an einer langen Stange über dem Herd, was praktisch und dekorativ zugleich ist. Der große Kühlschrank und der Einbauherd aus schimmerndem Edelstahl geben der Küche modernes Flair. Die ungewöhnlich dicken Regalbretter bestehen aus Brettern, die Lou Rota zusätzlich mit Rigips verkleiden, verputzen und wie die Wände mit Holzleim versiegeln ließ.

Schlicht und gediegen

Diese Küche ist bis auf wenige Ausnahmen ganz in Weiß gehalten. So gibt es zum einen keine Schwierigkeiten bei der Kombination mit anderen Farben, zum anderen lassen helle Farben wie Cremeweiß oder Hellgrau einen Raum größer wirken, als er ist. Weiß als Grundfarbe hat den Vorteil, dass die meisten preiswerten Küchenmöbel sowie Geschirrspüler, Herde und Kühlschränke weiß sind und daher optisch zurücktreten, wenn der ganze Raum so gehalten wird. Vor allem bei kleinen, verwinkelten Räumen sollte man diesen Effekt anstreben.

Rechte Seite Dieser rustikale alte Tisch stand in einem Antiquitätenladen in Frankreich. Trotz der Transportkosten war er für die Hausbesitzer ein Schnäppchen.

Unten Wände, Decke und Kücheneinrichtung fast ganz in Weiß lassen diesen niedrigen Raum höher und weiter wirken, als er tatsächlich ist. Außerdem wirkt die Farbe frisch und modern, ohne den Charme des alten Hauses zu zerstören.

Auch viele Gebrauchsgegenstände sind formschön und dekorativ; man braucht sie daher nicht verstecken. Hölzerne Kochlöffel, Vorratsdosen, Mörser und Stößel und andere Dinge sind am besten gleich da zur Hand, wo man sie braucht, und eine Küche, die mit sparsamen Mitteln eingerichtet wurde und mehr offene Regale statt geschlossener Schränke hat, muss nicht unordentlich wirken, wenn man die Utensilien in Einmachgläser oder Töpfe arrangiert.

Marmeladengläser und Blechdosen muss man nicht wegwerfen. Man kann sie entweder für selbst gekochte Gelees und Konfitüren wiederverwenden oder Freundinnen geben, die das tun, oder aber als Behälter für alles Mögliche benutzen – Hülsenfrüchte, Nüsse, Nudeln. Ohne Deckel fungieren sie auch als Halter für Holzlöffel & Co. oder Teelichte.

Unten links Die Arbeitsanleitung für die mit Knöpfen dekorierten Marmeladen- und Einweckgläser als Behälter für allerlei schlanke Utensilien finden Sie auf S. 149. Stylistin Sania Pell hatte die Idee und schmückte die hier abgebildeten Gläser.

Unten rechts Es ist praktisch, Hack- und Schneidebretter immer griffbereit nahe oder auf der Arbeitsplatte aufzubewahren. Auch die Rezeptsammlung will zur Geltung kommen – ein Regalbrett offenbart, wie abwechslungsreich hier gekocht wird.

KAPITEL VIER

Wohnräume

Für wenig Geld einrichten kann man sich in verschiedenen Stilen: klassisch oder zeitgenössisch modern, Retro- oder Landhausstil, oder auch in einer gelungenen Mischung. Größere Möbel wie Sofas oder Sessel findet man preiswert als Sonderangebote oder im Gebrauchtmöbelhandel. Dabei sollte man möglichst schlichte Stücke in neutralen Farben wählen. Teppiche, Kissen, Bilder und Lampen kann man nach und nach dazukaufen. Ein leeres oder sparsam möbliertes Wohnzimmer sieht immer edler aus als ein vollgestopftes. Wenn man sich das Stück, das man am liebsten hätte, jetzt noch nicht leisten kann, kann man ihm für später einen Platz frei halten.

Klassisch modern

Einrichtungen für wenig Geld wirken nicht zwangsläufig billig oder schäbig. Dieses Wohnzimmer ist mit einer gelungenen Mischung aus Alt und Neu klassisch modern gestaltet. Polstermöbel sind meist die teuerste Anschaffung, man kann die Kosten aber reduzieren, wenn man Sonderangebote wahrnimmt oder gut erhaltene gebrauchte Stücke kauft. Achten Sie dabei auf schlichte Formen und neutrale Farben. Gebrauchte Sofas neu beziehen zu lassen, kostet unter Umständen fast so viel wie ein preiswertes neues. Man kann aber auch Hussen nähen oder Überwürfe und neue Kissen verwenden.

Linke Seite Die Einrichtung in diesem in neutralen Farben ausgestatteten Wohnraum ist eine Mischung aus Alt und Neu. Die Wandlampe Modell Sputnik ist ein moderner Designklassiker der 1950er-Jahre des Niederländers Paul de Haan. Der Couchtisch von Charles Eames wurde gebraucht gekauft.

Rechts Das gelbe Sofa ist ein Familienerbstück, der gewichtige Ledersessel und sein Pendant stammen aus einem Gebrauchtwarenladen. Moderne Elemente sind geometrisch gemusterte Kissen, das schlichte Raffrollo aus schwedischem Leinen und die glänzend schwarze Tischlampe.

Diese Abbildungen zeigen, wie man ein altes Sofa mit einer Decke auf der Sitzfläche und bunten Kissen auffrischen kann. Muster- und Farbmischungen lassen sich für wenig Geld selbst realisieren, weil man für Kissenhüllen preiswerte Stoffreste teurer Textilien oder alte Stoffe, Decken, Kleider oder Vorhänge aus dem individuellen Vorrat verwenden kann. Diese Art von Recycling galt lange als *der* Geheimtipp für einen ländlich-charmanten, auf alt getrimmten Einrichtungsstil.

Hier sorgen die Kissen mit einem bunten Mustermix in nur wenigen Knallfarben – Rot, Gelb, Orange, Pink – für jugendlich-moderne Munterkeit in einem ansonsten eher farblosen Raum, in dem Wände, Fensterläden und sogar die Stehlampe hellgrau sind und nur wenige weitere Objekte wie etwa der Aschenbecher das Pink und Rot der Sofakissen aufgreifen.

Oben rechts und links Beim Anblick dieser Kissen mit Streifen-, Blumen- und Zahlenmustern in verschiedenen Rot-, Pink- und Gelbtönen könnte man sich in Pippi Langstrumpfs Villa Kunterbunt versetzt fühlen. Die Zusammenstellung ist so kitschig, dass sie einfach schön ist. Hochwertige Stoffreste sind in vielen Fachgeschäften erhältlich, sodass selbst genähte Kissenhüllen aus Designermaterialien nicht viel kosten.

Rechte Seite Verlängern Sie die Lebensdauer eines alten Sofabezugs, indem Sie die Sitzfläche mit einem passenden Stoff belegen, vielleicht einer Wolldecke oder einem Bettüberwurf, oder lose Sitzpolster neu beziehen. Achten Sie dabei auf korrespondierende Farben, dann wirkt auch ein wilder Mustermix edel und hochwertig. Die Farben der Wände und der Möbel sollten dann allerdings neutral sein.

Die Mischung macht's

Handarbeiten kommt immer wieder in Mode. Es entstehen individuelle Einzelstücke, die die Persönlichkeit der Bewohner unterstreichen. Die hier gezeigten Teile – Lampenschirm, Sofaüberwurf, Kissen, handgestrickte Decke – sind Eigenproduktionen der Hausherrin; die Möbel wurden auf Versteigerungen, in Gebrauchtwarenläden und bei Trödlern erstanden. In Deutschland betreiben manche Stadtverwaltungen Möbelhallen, die für wenig Geld gute Stücke aus den Wertstoffsammlungen bieten. Flohmärkte haben frühmorgens die beste Auswahl, abends hingegen kann man gute Preise aushandeln, da die Händler ungern alles wieder einpacken.

Links Der geblümte Baumwollstoff dieses Sofaüberwurfs ist so dünn, dass er leicht zerknautschen und verrutschen würde. Deshalb hat ihn die Hausherrin mit einer Wolldecke unterfüttert. Die beiden Kissenhüllen fertigte sie aus alten Getreidesäcken an, und der Lampenschirm ist ebenfalls ihr Werk.

Rechte Seite Der Sessel und die beiden Beistelltische wurden auf einer Auktion ersteigert. Bevor man auf einer Versteigerung mitbietet, sollte man das Objekt genau auf Mängel untersuchen, denn Restaurierungen sind teuer.

ABCD
EFGHIJK
LMNOP
QRSTUV
WXYZ
Helvetica

Bücher, Bücher, Bücher

Für Buchliebhaber kann die Unterbringung ihrer Schätze eine ziemliche Herausforderung darstellen. Ein einziges Regal reicht nie aus und selbst ganze Bücherwände platzen irgendwann aus allen Nähten. Für den Einbau von Bücherregalen hier ein paar Tipps: Kürzere Regalbretter aus Leimholz geben unter dem Gewicht der Bücher nicht so schnell nach. In niedrigen Räumen bietet es sich an, die ganze Wand bis zur Decke in ein Regal zu verwandeln; in höheren Räumen ist dies natürlich auch möglich, allerdings braucht man dann eine Bibliotheksleiter.

Bucheinbände und -umschläge sind oft wunderschön gestaltet und viel zu schade, um sie im Regal zu verstecken. Auch Titelseiten von Comics oder Journalen peppen einen Raum auf und sind zudem interessante Zeitzeugnisse. In Gebrauchtwarenkaufhäusern, Antiquariaten, im Internethandel und auf Sammelbörsen wird man schnell fündig.

Linke Seite Einbaumöbel müssen nicht den gleichen Farbton wie die Wände haben – eine kontrastierende, dunklere Farbe kann den Raum beleben und wirkt wie ein Rahmen für die literarischen Schätze. Die Bücher in diesem raumhohen Regal sind nach Farben geordnet. Das sieht nicht nur pfiffig aus, sondern hilft auch denen, die sich eher an die Farbe des Buchrückens als an den Namen des Autors erinnern, ein gesuchtes Buch wiederzufinden.

Rechts Bücher oder Journale mit schön gestalteten Einbänden sind unter Umständen wahre Kunstwerke und sollten nicht im Regal verschwinden, sondern zur Schau gestellt werden, denn die Entwürfe stammen vielfach von begabten und berühmten Künstlern und Grafikern. Wer seine Comicsammlung präsentieren möchte, kann leicht schräg stehende Regaleinsätze besorgen, damit seine Schätze nicht geknickt werden.

Farbharmonien

Ein neuer Anstrich ist das billigste Mittel, um ein Zimmer zu renovieren, alte Möbel aufzufrischen oder ein preiswertes Stück vom Möbeldiscounter edler wirken zu lassen. Dieses Ferienhaus an der englischen Südküste mit seinem hübschen Kronleuchter und den schönen alten französischen Stühlen wirkt aufgrund seiner Farbpalette aus weißen Wänden und hellgrauen Hölzern luftig und geräumig und harmoniert mit dem graugrünen Meer vor dem Fenster. Um einen ähnlichen Effekt zu erzielen, sollten Sie Farbmusterbücher konsultieren und sich für die blasseren Töne der in verschiedenen Abstufungen angebotenen Farben entscheiden.

Freigelegte, mit Kalkmörtel verfugte alte Backsteinwände wirken warm und gemütlich, neues Ziegelmauerwerk mit Zementmörtelfugen dagegen eher kühl und sachlich. Wenn das Geld zum Verputzen und Tapezieren fehlt, kann man Backsteinwände auch einfach streichen.

Rechte Seite Der hellgraue Konsoltisch stammt aus einem großen Möbelhaus und kostet nicht viel – wie die meisten Einrichtungsgegenstände in diesem Haus am Meer. Dafür gönnten sich die Besitzer einige wenige teure Stücke.

Unten links Die Sofas fanden die Hausbesitzer im Internetkatalog einer Versandhandelsfirma; die Kissenbezüge nähte die Hausfrau selbst aus Stoffresten.

Unten rechts Ähnliche kleine Schränkchen, Nachttische oder Kommoden finden sich in fast jedem Gebrauchtwarenladen. Dieser alte Küchenschrank erhielt nur eine neue Schieferplatte und blieb ansonsten unverändert.

167

Ausverkaufsschnäppchen

Dieser elegante Wohnraum in einem alten Schulhaus entstand aus zwei ehemaligen Klassenzimmern. In großen Räumen kommen große Möbel gut zur Geltung, deshalb investierten die Hausbesitzer den größten Teil ihres Budgets für das Wohnzimmer in die beiden Sofas mit einzelnen Kissen und einfachem Stoffbezug, die sie beim Ausverkauf eines Möbelhauses erwarben. Die übrige Einrichtung wurde darauf abgestimmt: Die bunten Sofakissen wurden aus Stoffresten selbst genäht oder bestickt; an den Wänden hängen moderne Bilder neben Kinderzeichnungen.

Auch beim Ausverkauf sollte man sich zunächst in einschlägigen Fachgeschäften umschauen, um zu sehen, was es gibt, und zu entscheiden, was man will. Bei großen Sitzmöbeln sollte man extrem modische Modelle meiden und darauf achten, dass der Sitzkomfort und die Maße stimmen.

Oben links Die hellgrauen Sofas passen zu nahezu allen Farben und Stilen. Die Kissenhülle rechts im Bild entstand aus einem Stoffrest, während die rote auf dem linken Sofa von der Hausherrin bestickt wurde.

Oben Mitte Dieses Haus wurde in der Viktorianischen Zeit als Schulgebäude errichtet. Es ist geräumiger als so manches andere Haus aus derselben Zeit und eignet sich daher gut für eine modernere Einrichtung.

Oben rechts Die Mischung aus moderner Kunst und gerahmten Kinderzeichnungen an den Wänden ist sehr gelungen. In schönen Rahmen wirken Kinderzeichnungen genauso wertvoll wie Künstlergrafiken.

Rechte Seite Der Plastik-Schalenstuhl auf Kufen, das Modell RAR von Charles und Ray Eames, ist ein moderner Designklassiker und eignet sich ebenso gut für den Outdoorbereich.

Verblasste Pracht

In diesem Cottage in einem südenglischen Dorf findet sich mehr als nur ein Hinweis auf seine Geschichte. Vor hundert Jahren als relativ bescheidene Behausung erbaut, ist es heute so üppig und nobel ausgestattet, dass es wie ein großzügiges Landhaus anmutet. Die wuchtigen, bequemen alten Ledersessel gehören schon seit Langem „zur Familie", während die Flügeltüren aus einem Bauschuttcontainer gerettet, neu gestrichen und verglast wurden. Die mit Bommellitzen eingefassten Vorhänge schleifen auf dem Boden, was der Einrichtung einen Hauch Luxus verleiht. Der mit englischem Chintz bezogene Sessel bringt Farbe in den Raum.

Linke Seite Alte Sessel aus zweiter Hand wirken wie Familienerbstücke. Bommellitzen zum Verzieren von Vorhängen findet man bei gut sortierten Raumausstattern.

Unten links Die Flügeltüren zum Garten stammen aus einem Haus in der Nachbarschaft aus der etwa gleichen Bauperiode. Die Besitzer wollten neue und warfen die alten weg.

Unten rechts Englische Chintzstoffe mit großblumigen Mustern sind immer aktuell und setzen großzügige Akzente. Man sollte nur kleinere Polstermöbel damit beziehen, denn ein mit bunt gemustertem Chintz bezogenes Sofa wäre ein allzu beherrschendes Einrichtungselement.

Räume in Weiß

Die Farbe Weiß ist *das* zeitlos moderne Gestaltungselement, besonders für Wohnzimmerwände, vor denen Bilder und andere dekorative Objekte am besten zur Geltung kommen. Heute sind „historische" Farbtöne wieder en vogue und man hat die Qual der Wahl unter Dutzenden von Weißtönen, aber manchmal ist es am einfachsten, einen Raum in reinem Weiß zu streichen, um ihn klar und zeitgenössisch zu gestalten. In Zimmern mit weißen Wänden, weißen Decken, weißen Einbaumöbeln und weißen Böden lässt sich jede gewünschte Stilrichtung und Farbpalette der weiteren Ausstattung realisieren. Die Einrichtung dieses Wohnraums mit kastenförmigem Sofa, gerahmten Schwarz-Weiß-Fotos und einigen alten Möbeln könnte man fast schon als eklektisch bezeichnen.

Linke Seite Sowohl das Sofa als auch der Sessel wurden neu bezogen, das kastenförmige Sofa aus den 1990er-Jahren mit einem blassgraublauen Stoff und der Sessel aus der gleichen Zeit mit einem preiswerten Dekostoff. Die einfarbigen Bezugsstoffe bringen die Formen und Linien der Möbel zur Geltung.

Unten links Flusskiesel in einer Schale harmonieren mit ihren Weiß-, Grau- und Beigetönen perfekt mit der Raumausstattung.

Unten rechts Die alte Zeichenkommode wurde vom Sperrmüll gerettet und dient heute unter anderem der Aufbewahrung von Fotos und Bildern.

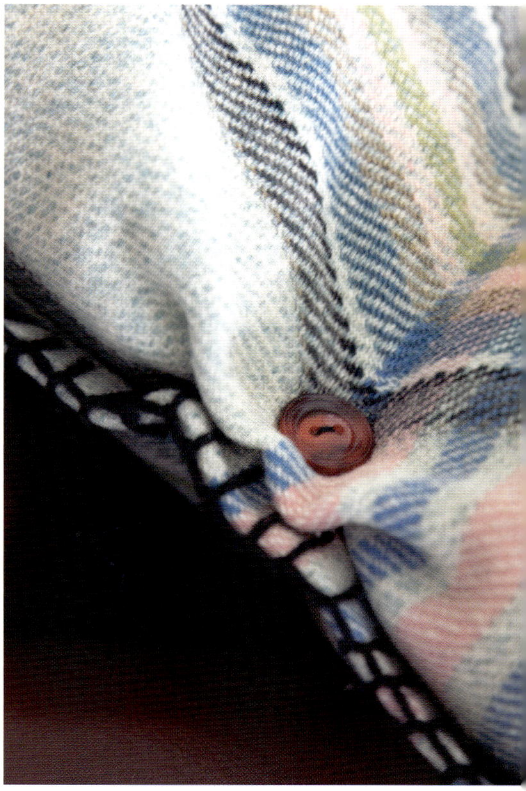

Linke Seite und oben links Diese Einrichtung beweist, dass altes Kunsthandwerk in einem weißen Raum verblüffend modern wirken kann. Die Weidenkörbe zum Beispiel sind wahre Schönheiten und müssen nicht im Keller versteckt werden.

Oben Mitte Das Nebeneinander von altem Tisch und moderner Dreifußlampe zeigt, mit welch angenehmer Wirkung Alt und Neu kombiniert werden können. Der als Vase genutzte Blechtopf bildet einen ungewöhnlichen Farbtupfer vor der weißen Wand.

Oben rechts Dieses Wolldeckenkissen erstand die Hausherrin in einem Laden, der ausschließlich britisches Kunsthandwerk verkauft. Wenn man eine schöne alte, leider etwas löchrige Decke hat, lohnt es sich, sie zu zerschneiden und aus den guten Teilen solche Kissenhüllen zu nähen.

Weiß macht sich besonders gut in alten Häusern mit hohen Innenräumen und großen Fenstern, weil es deren Geräumigkeit unterstreicht und die Helligkeit steigert. Aufgrund vielfach vorhandener baulicher Details wie Profilleisten oder Stuck wirken solche Räume dennoch nicht ausdruckslos. Auch moderne Heizkörper oder alte Deckenbalken treten optisch zurück, wenn sie wie die Wände und Decke weiß gestrichen sind. Weiß auf Weiß oder blasse Pastellfarben auf Weiß sorgen für Leichtigkeit nach schwedischem Vorbild. Dunkles Holz, dunkles Leder und starkfarbige Stoffe kommen vor weißen Wänden eindrucksvoll zur Geltung, Gleiches gilt für naturbelassene Gegenstände und Materialien wie Weidenkörbe, Leinen- und Wolltextilien.

Weiß zu streichen ist die schnellste und billigste Raumerneuerung, die man überhaupt haben kann, und danach wirkt das Zimmer wieder sauber, hell und kann frisch dekoriert werden.

Oben Hübsche Glasperlenketten, Bänder und Federn am Türknauf beleben einen schlichten Schrank.

Rechte Seite Die Kissenhüllen auf diesem behäbigen Sofa bestehen aus einfarbigem und gemustertem Samt und passen wunderbar zum graublauen Sofabezug.

Schätze ausstellen

Man braucht keine teure Kunstsammlung, um die eigenen vier Wände zu dekorieren, es kostet aber schon einige Überlegung, was man wie zusammenstellt. Eine Technik besteht darin, dekorative Gegenstände dicht an dicht zu „häufen" – ein bewährter Kunstgriff von Antiquitätenhändlern. Eine andere, hier abgebildete Methode besteht darin, jedem Gegenstand genügend Abstand zum nächsten einzuräumen. Nicht der Preis ist die Frage, sondern ob ihre Farben und Formen gefallen und ob sie von emotionalem Wert sind. Die einfachsten und billigsten Dinge können schön sein, auch hübsche Glasketten oder Geschenkbänder. Die weiße Schrank- und Regalwand etwa wird von den Töpferarbeiten der Kinder und einigen bunten Gläsern und Keramiken belebt. Der Nachteil solcher in Regalen präsentierten Sammlungen ist lediglich das leidige Abstauben.

Die Sofakissen aus Samt in verschiedenen Farben und Mustern beleben das Erscheinungsbild der einfarbig hellgraublauen Couch, die zum Entspannen einlädt. Der Handel bietet eine reiche Auswahl, aber geschickte Näherinnen kaufen am besten Stoffreste und nähen ihre Bezüge selbst. In Internetsuchmaschinen kann man bevorzugte Materialien in Kombination mit Wörtern wie Restposten oder Sonderangebot eingeben und bekommt viele Informationen. Auch der Blick in die Restekiste eines Kauf- oder Möbelhauses lohnt sich.

KAPITEL FÜNF

Schlafzimmer und Bäder

Schlafzimmer und Bäder sind unsere privaten Rückzugsorte, um uns zu regenerieren und abzuschalten. Die folgenden Seiten zeigen, dass ihre Einrichtung nicht die Welt kosten muss. Hochwertige neue Kleiderschränke, Betten und Bettwäsche gibt es als preiswerte Sonderangebote, und alle weiteren Einrichtungsgegenstände findet man auch auf Flohmärkten oder beim Trödler. Bei den sanitären Installationen sollte man nicht am falschen Ende sparen, aber mit den entsprechenden Accessoires können selbst einfache Standardobjekte edel aussehen.

Wenn weniger mehr ist

Es klingt ungewohnt, aber der billigste Gestaltungstrick besteht darin, gar nichts zu tun – oder zumindest nur das absolute Minimum. Viele Leute setzen sich selbst unter den Druck, mit der Einrichtung ihrer Häuser alles über die eigene Persönlichkeit ausdrücken zu müssen. Es ist jedoch nicht unbedingt notwendig, ein Zimmer zu renovieren, außer wenn es wirklich in einem schlechten Zustand ist. Die beiden abgebildeten Schlafzimmer waren bereits in Bonbonfarben gestrichen, als die neuen Besitzer das Haus übernahmen. Sie verbrachten ein Wochenende mit der Suche nach geeignetem Mobiliar in örtlichen Secondhandläden.

Neben dem Kleiderschrank ist das Bett das teuerste Schlafzimmermöbel, mit Bettgestellen aus zweiter Hand kann man hier durchaus viel sparen. Mit ein wenig Arbeit – abschmirgeln und neu lackieren – hat man ein nostalgisches Einzelstück. Nur die passenden Matratzen kauft man aus hygienischen Gründen neu.

Unten links Kleine Bistrotischchen sind alt oder auch neu vielerorts für wenig Geld zu haben. Es können durchaus zwei verschiedene für die beiden Doppelbettseiten sein.

Unten rechts Das alte Eisenbettgestell ist romantisch geschwungen und verschnörkelt. Ähnliche findet man beim Trödler oder Antiquitätenhändler, moderne Modelle aber auch in Möbelhäusern und Bettenfachgeschäften.

Rechte Seite Die beiden alten Eisenbetten wurden lackiert und mit neuen Matratzen ausgestattet. Ein Anstrich ist aber nicht immer erforderlich, da ein leicht „schäbiger Schick" auch seinen besonderen Reiz haben kann.

Schlafzimmer sollten schlicht und sparsam eingerichtet werden. Bis Anfang des 20. Jahrhunderts enthielten die meisten nicht mehr als ein Bett, den Nachttopf (vielleicht in einem Toilettenstuhl versteckt), ein paar Haken an der Wand und ein Tischchen für die Kerze. Viele Menschen besaßen nur eine einzige Kleidergarnitur für den Alltag und ein Sonntagsgewand, die jeweils an den Haken aufgehängt wurden. Dieses entzückende Schlafzimmer in einem Strandhaus erinnert an die Zeiten, als ein Kleider- oder Wandschrank noch kein unerlässlicher Teil des Schlafzimmermobiliars war.

Heute geht der Trend wieder zur Vereinfachung von Schlafzimmereinrichtungen. Da aber die meisten Menschen eine umfangreiche Garderobe sowie viele Schuhe und Wäschestücke besitzen, sind Schränke unverzichtbar. In größere Badezimmer, auf einem geräumigen Treppenabsatz oder im Flur vor den Schlafzimmern kann man vielleicht ganze Schrankwände einbauen. Schlafzimmer mit begehbarem Schrank sind ein besonderer Luxus, den sich nur wenige leisten können, aber in vielen Altbauwohnungen gibt es Abstellkammern, in denen man Schränke und Regale aufstellen kann. In kleinen Wohnungen kann man die Sommer- und Wintersachen in der jeweils anderen Saison in Unterbettkommoden oder einem selbst gezimmerten Schubladenpodest aufbewahren.

Wie wir Kleidung und Schuhe unterbringen, beleuchtet unsere Einstellung zu Besitz oder Sparsamkeit. Genügsame Menschen reduzieren jede Art von Besitztümern und kaufen neue Kleidung erst, wenn sie die alte aufgetragen haben. Wenn man dem folgt, braucht man auch nur noch eine Hakenleiste an der Schlafzimmerwand. Für viele von uns ist dieser Gedanke wahrscheinlich völlig neu, aber er ist es wert, dass man darüber nachdenkt. Brauchen wir wirklich alles, was wir haben? Könnten wir mit weniger Habseligkeiten nicht besser schlafen? Wären wir vielleicht sogar glücklicher?

Rechts Schlafexperten sagen, ein sparsam und schlicht eingerichtetes Schlafzimmer ohne elektronische Geräte wie Fernseher, Digitalradios und Radiowecker fördere einen gesunden Schlaf. Im Urlaub kann man sowieso auf all das verzichten. Was man braucht, sind nur ein oder zwei Betten und Stühle, ein paar Garderobenhaken, Licht und frische Luft.

Refugium unterm Dach

Bei der Renovierung von Mansarden mit ihren Dachschrägen, meist kleinen Fenstern und dementsprechend wenig Licht hat man zwei Optionen, wenn man die Räume baulich so lässt, wie sie sind: Entweder man streicht sie weiß oder in den blassesten Pastelltönen, um sie aufzuhellen, oder aber in dunklen Farben, um sich in eine gemütliche Höhle zurückziehen zu können. Im ersten Fall kann man den Raum mit einer starkfarbigen Tagesdecke oder einem ausdrucksvollen Bild beleben.

In Mansarden kann man nur niedrige Möbel aufstellen, selbst in Geschossen mit Kniestock, bei denen also die Dachschräge nicht bis zum Fußboden reicht. Das Kopfende in unserem Beispiel besteht aus einer dick gepolsterten MDF-Platte, auf die ein weißer Stoff getackert wurde. Man kann derlei Kopfenden für Betten in vielen Möbelgeschäften kaufen, aber natürlich zu einem viel höheren Preis. Dabei hat man zusätzlich das Problem, dass die Maße oft nicht passen. Heimwerker sind hier klar im Vorteil.

Links Die vor fünfzehn Jahren in einem Laden für trendige Wohnaccessoires gekaufte Nachttischlampe ist ein Beispiel für die Zeitlosigkeit jeder guten Form, das Ideal des modernen Designs.

Rechte Seite In diesem weißen Schlafzimmer – einem lichtdurchfluteten Refugium unterm Dach – wirkt das Rot der skandinavischen Decke auf dem Bett als zusätzlicher Stimmungsaufheller.

Alt ist modern

Alte, gern auch schon etwas schäbige Möbel mit neuen, modernen zu kombinieren, ist ein Wohntrend aus jüngerer Zeit. Alte Stücke hauchen einem modernen Interieur Seele ein, und die klaren Linien moderner Lampen rücken alte Möbel ins rechte Licht. Derartige Zusammenstellungen machen ein Haus zu einem Zuhause statt zur Kopie aus einem Möbelkatalog – und sind noch dazu erschwinglich. In großen Einrichtungshäusern findet man nicht nur eine riesige Auswahl an modernen Möbeln, sondern auch Lampen, Geschirr, Bettzeug und vieles mehr.

Alle Nachtschränkchen stehen heute in Antiquitäten- und Trödlerläden oder auf Flohmärkten. Wie das Bettgestell stammen auch die beiden alten Nachtschränkchen auf diesen Abbildungen aus Frankreich, ähnliche Stücke gibt es aber fast überall. Allerdings sind zwei gleiche schwerer zu finden und auch meist teurer als Einzelstücke. Wenn man etwas länger sucht, wird man jedoch fündig. Die Kästchen sollten von Stil und Größe ähnlich sein, die Farbe kann man entsprechend der Einrichtung dann anpassen.

Linke Seite Neben dem französischen Bett steht ein alter Nachttopfschrank, dessen abgestoßene Lackschicht bewusst nicht erneuert wurde. Moderne Wandlampen und weiße Bettwäsche wirken freundlich.

Rechts Ein weiteres schon recht abgenutztes Nachttopfschränkchen auf der anderen Seite des Bettes bietet zusätzliche Ablagefläche und Stauraum. Mit einem antibakteriellen Reiniger gesäubert erfüllt es brav seinen dekorativen wie praktischen Zweck.

Nur nicht auffallen!

Oben links Einige wenige Blüten in einer kleinen Vase oder Schale beleben ein ganzes Zimmer. Noch eleganter wirkt ein einzelner Blütenstiel in einer schlanken Vase. Allerdings sollten Sie in Schlafräumen darauf achten, dass die Blüten nicht zu stark duften bzw. keine Allergien hervorrufen.

Oben rechts Frisch gestärkte weiße Bettwäsche, ein altes Polsterbett, von dessen Holzteilen der Lack abgeblättert ist, ein französisches Tischchen und eine moderne Tischlampe bieten einen attraktiven Anblick.

Die auf diesen Seiten abgebildeten Schlafzimmer wirken friedlich und ruhig. Erreicht wurde diese Wirkung mit hellen, neutralen Farben – Weiß, Eierschale, Hellgrau – sowie mit den Naturmaterialien Leinen, Holz und Stein. Man sieht nur ganz wenige Muster oder kräftigere Farben. Dieser aktuelle und dennoch klassisch-traditionelle Stil ist für Schlafzimmer ganz besonders geeignet. Ein wenig Farbe mit einem Blumenstrauß und bunten Kissen oder Decken setzt vorsichtige, unauffällige Akzente.

Oben links Die alte Kommode und der Spiegel vom Trödler wurden beide cremeweiß lackiert und bilden so ein perfektes Paar.

Oben rechts Cremeweiße und weiße Möbel sowie ein mit hellgrauem Leinen bezogener Sessel bilden eine ruhige Ecke zum Entspannen. Die Hausbesitzerin nähte die Vorhänge aus alten französischen Leinenbettlaken und fertigte auch den Lampenschirm selbst an.

Der neutrale und natürliche Look erfordert keinen großen Aufwand, aber unterschiedliche Texturen, um zwar beruhigend, aber nicht langweilig zu wirken. Ein Nebeneinander von Schleiflack- und polierten Holzflächen, von Vorhängen aus grobem Leinengewebe und glatten Wänden, von weicher Wolle und harten, glänzenden Porzellan- und Glasgegenständen – all das ist durchaus preisgünstig zu haben. Gerade bei Textilien sind die ganz einfachen, einfarbigen Materialien wie etwa Nessel oft am billigsten.

Mustermix

Billigen Textilien sieht man den günstigen Preis allzu oft auch an und ihre schlechte Qualität lässt das mühsam Genähte schnell wieder kaputtgehen. Als Restposten sind jedoch höherwertige Stoffe auch für den kleineren Geldbeutel erschwinglich. Die hier abgebildeten Beispiele sind allesamt hochwertige Markenqualitäten; der Stoffverbrauch für Kissen, Vorhänge und Bettkopfende war allerdings jeweils gering. Ähnliche Stoffe gibt es preiswert in Schlussverkäufen, Factory-Outlets oder als Restposten in Fachgeschäften. Auch der Internethandel bietet gute Bezugsquellen, obwohl die eingestellten Fotos oft irreführend sind, was die Farben angeht.

Linke Seite In diesem Schlafzimmer findet sich eine wunderbare Mischung verschiedener Textilien und Muster. Bei der Wahl derartiger Zusammenstellungen sollte man sich auf ein Farbschema oder Ausstattungsmotiv festlegen. Hier ist es im Wesentlichen der Kontrast zwischen den Farben Flieder und Primelgelb, während die verschiedenen Muster – Paisley, Karos etc. – eine untergeordnete Rolle spielen.

Rechts Gut erhaltene alte Textilien sollten recycelt werden! Der Bettüberwurf war früher eine Gardine, die an zwei Seiten mit gelbem Leinen verlängert und mit Vlies gefüttert wurde, sodass sie als Tagesdecke nun die nötige „Bettschwere“ hat.

Moderne Romantik

Rosen sind die Symbole der romantischen Liebe, und Rosa in allen Schattierungen ist die richtige Farbe dazu. Sie wird häufig verächtlich abgelehnt, lässt einen Raum jedoch warm und heiter wirken und hat beruhigenden Wohlfühleffekt. Sie eignet sich gerade auch für Bettwäsche in einem modern eingerichteten Schlafzimmer. In diesem Beispiel ist die Bettwäsche neu und die Steppdecke aus zweiter Hand, was nicht nur wenig gekostet hat, sondern dem Raum auch nostalgisches Flair gibt.

Alte Stoffe – ob von Oma geerbt, aus der eigenen Restetruhe oder auf dem Flohmarkt aufgestöbert – verleihen selbst modern eingerichteten Schlafzimmern in Neubauten einen Hauch historisches Ambiente. Man kann zum Beispiel neue Bettwäsche in „romantischen" Farben und mit traditionellen Mustern – wie hier dem Paisleymuster des Bettbezugs – mit Kissen oder Überwürfen aus zweiter Hand oder einer alten Patchworkdecke kombinieren oder aus schadhaften Bezügen neue nähen.

Aus alten Vorhängen lassen sich Tagesdecken machen, ebenso aus Restposten teurer gemusterter Dekostoffe zum halben Preis, die man sich sonst nicht hätte leisten können. In Schlafzimmern, die überwiegend in Pastelltönen ausgestattet sind, setzen solche Textilien belebende Akzente.

Oben Die neue Bettwäsche mit Streifen- und Paisleymuster harmoniert perfekt mit der rosafarbenen, geblümten alten Steppdecke.

Linke Seite Vor dem Hintergrund der weißen Wand und des weißen Kopfteils wirken die verschiedenen geblümten und gestreiften Textilien besonders frisch und gemütlich. Eine Lichterkette am Rand des Bettkopfteils sorgt für eine angenehme Beleuchtung.

Frische Farben

Die Renovierung eines Badezimmers bietet die Gelegenheit, der eigenen Fantasie freien Lauf zu lassen und sich ein paar Farbakzente zu gönnen, die anderswo im Haus deplatziert wären. Die auf diesen Seiten abgebildeten Beispiele zeigen ganz links ein Bad, das Bilder eines Land- oder Strandhauses heraufbeschwört (obwohl man durchs Fenster auf eine Straße blickt), und ein Bad, in dem ein paar bunte Accessoires selbst an trüben Tagen gute Laune machen. Das ländlich anmutende Badezimmer ist mit einer Standardwanne ausgestattet. Die Armatur im viktorianischen Stil und die mit grau lackierten Paneelen verkleidete Wand sorgen für das historisch wirkende Ambiente. Derartige Verkleidungen gibt es preiswert in Bau- und

Oben links Einfache Brettertäfelungen, die mit einem wasserfesten Lack für den Außenbereich beschichtet sind, eignen sich durchaus für den Sanitärbereich, z. B. als Einfassungen von Badewannen.

Oben rechts Waschbecken und WC – beides weiße Standardmodelle – und bunte Frotteetücher bilden einen starken Kontrast.

Oben links Wärmflaschen in knallig bunten Strickhüllen sind nicht nur praktisch und jederzeit zur Hand, sondern geben auch lustige Dekorationsobjekte ab.

Oben rechts Dieser fantastische Lampenschirm aus Seidenblumen stammt von einem der vielen Kunsthandwerkermärkte, die z. B. im Sommer in Großbritannien, in Deutschland eher in der Herbst- und Vorweihnachtszeit gerne veranstaltet werden und gute Quellen für Wohnaccessoires sind.

Heimwerkermärkten. Entgegen der weitverbreiteten Meinung eignet sich Holz sehr gut für Badezimmer. Wenn man diesbezüglich Bedenken hegt, kann man die Flächen mit Lacken für den Außenbereich schützen.

Das andere, weiße Badezimmer ist mit bunten Farbtupfern und einem ungewöhnlichen Lampenschirm aufgepeppt worden und zeigt, dass man mit sehr preiswerten Dekorationen ein einfaches Badezimmer ansprechend verschönern kann. Dabei ist auch hier auf die passende Farbwahl zu achten, wie die schönen bunten Frotteetücher auf dem Trockenständer zeigen. Solche alten hölzernen Handtuchständer findet man heute wieder in Kauf- und Möbelhäusern – und sie benötigen keinerlei Bohrlöcher in den Wänden.

Mustertapeten

Dieses Schlafzimmer mit angrenzendem Badbereich ist ein Beispiel für die zeitgenössische Raumausstattung mit Mustertapeten. Diese sind wieder im Kommen. Sie sind zwar nicht billig, aber so dekorativ, dass man an der übrigen Ausstattung sparen kann. Jede weitere Musterkomponente wäre sowieso des Guten zu viel und würde eher den Eindruck erwecken, die Bewohner hätten keinen Geschmack. Man kann allerdings auch nur eine Wand mit der teuren Tapete bekleben und die übrigen einfach neutral streichen und dort z. B. die Familienfotos anbringen.

Linke Seite Die auffallend gemusterte rosabraune Tapete ist das dekorative Hauptthema dieses Schlafzimmers, dem sich alle anderen Elemente unterordnen. Selbst die Wandlampen sind klein und unauffällig. Statt eines Kopfteils ist die Wand hinter dem Bett getäfelt und geht fast unsichtbar in die Wandschränkchen über, die in die Nischen beiderseits des Bettes eingebaut sind.

Rechts Die Kombination macht's: Der leichte Korbsessel aus den 1970er-Jahren und ein moderner weißer Rahmen um vier Schwarz-Weiß-Fotos harmonieren mit dem großzügigen Dekor der Tapete und unterstreichen die Stilsicherheit der Bewohner.

Bei der Ausstattung von Bädern ist das Prinzip Sparsamkeit nicht so einfach zu befolgen. Sanitärobjekte wie Badewannen, Waschbecken oder gar Toilettenbecken aus zweiter Hand sind in den meisten Fällen in keinem einwandfreien hygienischen Zustand mehr. Wer dennoch eine alte gusseiserne Wanne auf Füßen haben möchte, sollte auf abgeplatzte oder abgenutzte, braun gewordene Emaillierungen achten und darauf, dass die Leitungsanschlüsse passen sollten. Inzwischen werden im Handel aber auch historisierte Modelle angeboten, die diese technischen Probleme nicht aufweisen.

Eine Möglichkeit, ein Bad preiswert auszustatten, besteht darin, etwas mehr Geld in ein edles Objekt zu investieren – am besten die Badewanne –, das dann die restliche einfache Standardausstattung optisch aufwertet. Oder man wählt insgesamt eine einfache Ausstattung und peppt den Raum mit schönen Fliesen oder anderen Accessoires auf.

Rechte Seite Eine neue Badewanne im Stil der alten gusseisernen Badewannen auf Löwenfüßen ist das teuerste und schönste Ausstattungsstück in diesem Bad, das ansonsten nur den großen Spiegel, ein eisernes Beistelltischchen und den Waschtisch gegenüber der Wanne enthält.

Unten links Das Waschbecken wurde nach den Angaben von Innenarchitektin Clare Nash aus Corian® gefertigt und in einen weiß lackierten Waschtisch eingelassen, den Nash von einem Tischler bauen ließ.

Unten rechts Als Handtuchhalter wurde ein Acrylstab mit handelsüblichen verchromten Haltern an die Wand rechts geschraubt. Die historisierten Waschbeckenarmaturen ohne überflüssige Schnörkel bleiben optisch angenehm im Hintergrund.

Retrostil im Bad

Die Ausstattungselemente des hier abgebildeten Badezimmers stammen fast alle aus Abrisshäusern und wurden relativ günstig im Altbaustoffhandel erworben. Firmen, die Fenster, Türen und alle möglichen verwertbaren Elemente vor dem Abriss aus Altbauten entfernen, aufarbeiten (oder auch nicht) und zum Kauf anbieten, finden Sie in den Gelben Seiten oder im Internet. Ihre Preise sind nicht immer niedrig, aber trotzdem kann man mit etwas Glück – und scharfem Blick – immer wieder mal ein Schnäppchen machen. Die auf der linken Seite abgebildete gusseiserne Badewanne wurde im Internet entdeckt, auf der Homepage eines Verbunds aus Antiquitätenhändlern, Trödlern und Altbaustoffhändlern.

Bei der Behandlung von Wänden und Böden kann man ebenfalls sparen. Es müssen nicht unbedingt Fliesen sein. Ein gut geschnittenes Bad mit Fenster oder einem leistungsstarken Ventilator kann man auch mit einer Spezialfarbe für Nasszellen streichen, ohne Feuchteschäden befürchten zu müssen. Man muss nur darauf achten, dass sich kein (Kondens-)Wasser in irgendwelchen Vertiefungen sammeln und so Schimmel verursachen kann. Etwa entstehende Risse sollte man immer sofort ausbessern, bevor Wasser in die Wand eindringen kann. Stete Wachsamkeit ist dann ein ebenso effektiver Schutz für die Bausubstanz wie geflieste Böden und Wände.

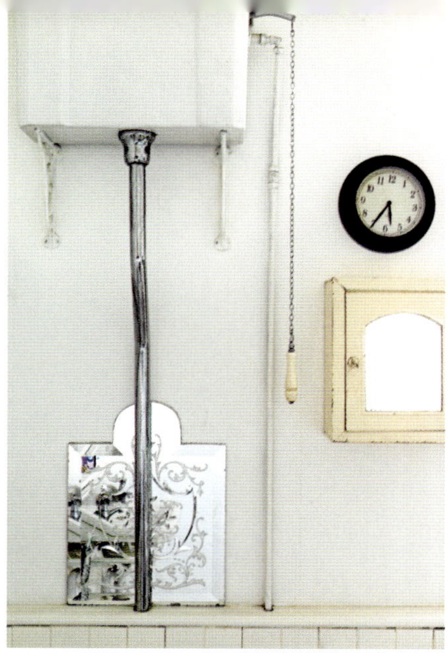

Linke Seite Die alte gusseiserne Badewanne auf Füßen stammt vom Altbaustoffhandel und steht hier in einer halbhoch mit Brettern getäfelten Ecke des Bads.

Oben Der Toilettenspülkasten sieht alt aus, ist aber neu. Nur der Griff an der Kette ist eine echte Antiquität.

Mitte Die weißen Fliesen hinter dem alten Waschbecken, das aus einem Abrisshaus stammt, und dem Wandspiegel sind wie im Ziegelmauerverband verlegt.

Unten Tischchen mit Marmorplatten sind ideale Möbel für Badezimmer. Man findet sie noch vielfach in Antiquitäten- und Trödlerläden und auf Versteigerungen.

Die Badewanne und den Waschtisch entdeckten die Hausbesitzer im Katalog eines Badeinrichters. Die Badewanne besteht nicht aus Gusseisen, sondern aus Acryl und ist außen matt graublau beschichtet. Der hölzerne Handtuchständer wurde in derselben hellgrauen Farbe gestrichen wie die Wände und die halbhohe Wandtäfelung. Der alte Aktenschrank mit Klapptüren ist mit Büchern und Strandfunden dekoriert und trägt ebenso wie der Korbsessel zur wohnlichen Atmosphäre dieses neu ausgestatteten Badezimmers bei, das aus Großmutters Zeiten zu stammen scheint.

Linke Seite Bilder in Bädern aufzuhängen widerstrebt wohl den meisten Menschen. Solange sie nicht direkt bespritzt oder von Wasserdampf bestrichen werden, nehmen sie aber keinerlei Schaden.

Rechts Der elegante Säulenwaschtisch in einem traditionellen Design fand sich im Katalog eines Badezimmereinrichters, und der schöne Schrank gehörte früher zu einer Ladeneinrichtung. Die Türen klappt man auf und schiebt sie über den Fächern in den Schrank hinein.

Detailansichten

Einige wenige Details genügen, um preisgünstig mit Standardsanitärobjekten ausgestattete Bäder zu etwas Besonderem zu machen, zum Beispiel edle Designerarmaturen oder exotische Accessoires. In diesem Bad sieht man Standardsanitärobjekte mit modernen Armaturen in Kombination mit einem ausgefallenen, floral gemusterten Plastikschalenstuhl und einer über der Badewanne in die Wand eingemauerten Seifenablage – ursprünglich eine Figurennische, die aus einem alten indischen Tempel gerettet wurde. Der vor dem Fenster hängende Kieselstein ist ein Strandfund. Das Gestaltungsthema könnte hier demnach „Reisesouvenirs" heißen.

Wenn man offen liegende alte Leitungsrohre und Toilettenspülkästen mit gefliesten oder verputzten und gestrichenen Rigipsplatten verkleidet, kann man zusätzliche Ablageflächen – oder wie hier kleine Wandnischen – für Kosmetika und dekorative Gegenstände schaffen. In diesem Bad wurde auf diese Weise zusätzlich ein schmaler, raumhoher Wandschrank zwischen Wanne und Fenster eingebaut und in derselben Farbe wie die Wand gestrichen, sodass er kaum zu sehen ist, zumal er keinen Griff hat, sondern einen Ein- und Ausdrückverschluss.

Sorgfältige Planung ist der Schlüssel zu jedem schönen Bad. Auf reibungslose Funktionalität der Installationen ist besonders zu achten, ebenso auf Maße. In einem kleinen Raum muss man sich entscheiden: Will man

Oben Der Kiesel an der Rolloschnur wurde – vom Meer bereits gelocht – am Strand gefunden.

Mitte Diese ungewöhnliche Wandnische mit Einfassung aus einem indischen Tempel entdeckten die Hausbesitzer auf einem Abfallplatz für Bauteile aus Abrisshäusern und ließen sie als Seifenschale in die Wand an der Badewanne einmauern.

Unten Schlichte moderne Armaturen lassen die preiswerten Standardwandfliesen wertiger wirken.

Rechte Seite Kleine Wandnischen und ein schmaler Wandschrank, der wie die Wand gestrichen wurde, bieten zusätzliche Abstellflächen und Stauraum.

außer Waschbecken und Toilette eine Badewanne oder eine geräumige Duschkabine? Oder lieber Waschbecken und Badewanne in den Raumecken? Beim Umbau alter Häuser sollte man unbedingt absolut wasserdichte Fußbodenisolierungen legen lassen. An der Wand hängende Wasch- und Toilettenbecken erleichtern das Putzen. Platz spart man mit Hängeschränken oder mit dem Versetzen von Sanitärobjekten – womit man dann allerdings wieder kein Geld spart. Auf jeden Fall sollte man ein neues Bad dort bauen, wo bereits Fallrohre und Steigleitungen vorhanden sind, sonst wird es richtig teuer.

Beim Anbringen von Waschbecken, Spiegeln etc. muss man die verschiedenen Körpergrößen der Familienmitglieder beachten und die Objekte so aufhängen, dass Kinder und Erwachsene sie ohne große Verrenkungen bequem nutzen können – die Linkshänder nicht zu vergessen! Das hier abgebildete Waschbecken wurde mit etwas Abstand zur Fensterwand angebracht, damit auch der Linkshänder der Familie beim Zähneputzen nicht mit dem Ellenbogen an die Wand stößt. Selbst bei Toilettenbecken ist „Ellenbogen-Bewegungsfreiheit" von Vorteil und bei der Hängung von Spiegeln die für alle Badnutzer passende Höhe.

Links Der Abstand zwischen Waschbecken und linker Wand wurde so gewählt, dass auch Linkshänder beim Zähneputzen nicht mit dem Ellenbogen an die Wand stoßen können.

Rechte Seite Ein Fenster mit undurchsichtiger Mattglasscheibe spart Platz im kleinen Bad und ist zeitgemäßer als ein Vorhang.

KAPITEL SECHS

Gärten und Außenräume

Sparsamkeit liegt in der Natur des Gärtners und Pflanzensammlers. Wer das Säen und Pflanzen liebt, sammelt auch gerne Samen in der Natur oder bei Freunden und Nachbarn und tauscht Stauden mit ihnen, denn in Gärtnereien und Blumenläden muss man sonst insgesamt viel Geld dafür ausgeben. Außerdem lassen sich alle möglichen ausrangierten Objekte als Pflanzgefäße verwenden: alte Kinderwagen, gusseiserne Waschbecken, Zinnkannen, Viehtränken etc. Selbst beim Gartenschuppen kann man Geld sparen, indem man ihn zur Waschküche oder zum Büro umfunktioniert, statt umzuziehen oder das Haus mit einem Anbau zu vergrößern.

Schattige Ruheplätze

Der Gartenbau im konstruktiven Sinne, das heißt der Bau von Terrassen, Wegen und Mauern, von Zäunen, Pergolen und festen Bänken, verschlingt das meiste Geld, ist aber unerlässlich. Ziegelstein- und Plattenwege kann man mit etwas Geschick selber anlegen, wobei aber der Untergrund wirklich eben sein muss, damit einzelne Steine und Platten sich nicht mit der Zeit senken oder heben. Kies ist leichter zu schütten. Wenn man sich keinen Wintergarten leisten kann, ist eine Pergola eine reizvolle Alternative.

Rechte Seite Die mit einer Glyzinie bewachsene Pergola vor dem Küchenfenster gibt an sonnigen Tagen Schatten, lässt aber noch genug Licht auf die Topf- und Kübelpflanzen fallen. Die Hauswand, der Sonnenschirm und die beiden Gartenliegen bilden ein edles Ensemble in Weiß.

Unten links Im verwitterten Holzkübel und in den Tontöpfen mit Alterspatina wachsen unter anderem Küchenkräuter. Auch Tomaten, Paprika und andere Gemüsesorten können in Kübeln gezogen werden.

Unten rechts Pflanztöpfe gibt es natürlich in Supermärkten, Baumärkten, Gartencentern und Blumenläden in unzähligen Varianten. Viele werden aus der Toskana, Spanien oder Marokko (wie der kleine Topf links im Bild) importiert. Auch große Blechdosen, alte Viehtränken und Zinkwannen eignen sich als Pflanzgefäße.

Linke Seite (kleines Bild) Dieser Stuhl ist ein Gartenmöbelklassiker und nicht nur im Garten zu gebrauchen.

Unten links Gartenmöbel muss man nicht als einheitliches Set kaufen. Man kann auch, wie dieses Beispiel zeigt, verschiedene Stücke nach und nach erwerben.

Unten Mitte Die filigrane Gartenbank aus Metall, das Tischchen, auf dem ein mit Lavendel bepflanzter Terrakottatopf steht, und verschiedene Körbe ergeben ein attraktives Arrangement.

Unten rechts Dieser runde Tisch ist das Pendant zur Gartenbank im vorigen Bild. Beide sind mehr als ein Vierteljahrhundert alt. Robuste Gartenmöbel – egal ob aus Metall oder Holz – sind äußerst langlebig und erfordern nur ab und zu einen neuen Anstrich.

Die allgegenwärtigen weißen oder grünen Plastikgartenstühle und -tische sind natürlich billig, sehen aber auch so aus! Mit etwas Glück und Ausdauer findet man jedoch alte Metallstühle und Tische, die viel romantischer wirken. Die hier abgebildeten Beispiele sind wirklich alt, es gibt solche aber auch neu in Gartencentern, Baumärkten und Fachgeschäften für Gartenbedarf. Ein bisschen Rost trägt zum nostalgisch-maroden Charme der Stühle bei, zum Schutz der Kleidung sollte man sie allerdings mit Sitzkissen belegen. Gartenmöbel zu kaufen, die man auch ins Wohnzimmer stellen kann, ist eine gute Idee, wenn man gern Gäste, aber nicht genug Geld und Stauraum für zusätzliche Sessel hat.

Fabrikverkäufe sind eine gute Bezugsquelle für Gartenmöbel aus imprägnierten Hölzern. Sparsame und geschickte Heimwerker können sich ihre Gartenmöbel natürlich auch aus Fichtenholz selber tischlern. Die links abgebildete überdachte Gartenbank wurde nach einem Entwurf des Hauseigentümers angefertigt, mit Schieferplatten gedeckt und gestrichen. Antikfarben für den Außenbereich sind in vielen Farbtönen im Handel.

Balkone, Veranden, Terrassen

Der Bau von Balkonen, Veranden oder Terrassen ist wesentlich günstiger als der Anbau eines Wintergartens und bietet unter Umständen ebenso viel zusätzliche Wohnfläche – allerdings nur bei schönem Wetter in den wärmeren Jahreszeiten. Bei derartigen Projekten muss man sich über die örtlich geltenden Bauvorschriften informieren, vor allem wenn das Haus unter Denkmalschutz oder in einem geschützten Baubereich steht.

Vom hier abgebildeten Balkon aus überblicken die Hausbesitzer den Garten und können abends dort die letzten Sonnenstrahlen und einen Drink genießen. Der Bereich darunter ist eine schattige Veranda, die den ganzen Sommer über als Sitzplatz genutzt wird, selbst bei Regen. Der Boden der Veranda besteht aus Treibholzbrettern, die am Strand gesammelt wurden.

Rechte Seite Der Holzbalkon auf Pfosten bildet eine geschützte Veranda mit gemütlicher Sitzecke für sommerliche Mahlzeiten im Freien.

Unten links Die Balkonbrüstung ist mit Fahnen und Wimpeln festlich beflaggt. Alte Fahnen findet man in Läden für Militaria und in Onlineshops.

Unten rechts Weichholzmöbel sollte man nicht längere Zeit im Freien stehen lassen, aber ein gut imprägnierter Kiefernholztisch wie der abgebildete sollte fast jedes Wetter überstehen.

Gartenhäuschen sind viel mehr als nur Geräteschuppen und werden heute immer mehr als zusätzliche Wohnräume, häusliche Büros oder Malateliers genutzt. Unter unseren Beispielen befinden sich ein Atelier, das gleichzeitig als Bibliothek dient, ein Bürohäuschen und eine Waschküche. Einen Schuppen oder ein Gartenhaus aus Holz darf man meist dort errichten, wo man sonst kein fest gemauertes Gebäude hinsetzen dürfte. Und wenn man es mit Strom versorgt, kann man darin auch arbeiten. Die örtlichen Bauämter geben hierzu Auskunft.

Die hier abgebildeten Gartenhäuschen wurden von ihren Besitzern selbst errichtet, weitgehend aus Altbaumaterialien. Die kannelierten Glasfasersäulen der beiden Gartenhäuser waren einst Theaterkulissen, Tür und Fenster stammen von einem Altbaustoffhändler und andere Baustoffe aus dem Haus selbst. Vergessen Sie nicht: Recycling beginnt zu Hause. Alte Regalbretter, Schranktüren etc. sollte man daher aufheben oder sie jemandem anbieten, der Verwendung dafür hat.

Im kleinen Schuppen sind Waschmaschine und Trockner untergebracht, für die in der winzigen Küche des Cottage kein Platz war. Ganz wichtig ist die Wärme- und Feuchte-Isolierung (Dach und Außenanstrich) von Gartenpavillons mit Stromanschluss, die man als zusätzlichen Wohnraum nutzt, denn die Mischung aus Regenwasser und Elektrizität könnte fatale Folgen haben.

Oben Dieses hübsche Gartenhäuschen dient als „häusliches Büro" und ist voll isoliert. Es entstand aus Brettern und Balken, Fenstern und Tür aus Abrisshäusern.

Unten Die Brettertüren eines abgerissenen Kohleschuppens bildeten den Grundstock für den Bau dieser Hütte, die der Hausherrin als Waschküche dient.

Rechte Seite Dieses Gartenhaus, von den Besitzern „Akropolis" getauft, enthält die Privatbibliothek der Familie und ein Atelier. Es wurde im Wesentlichen aus vorhandenen Altbaumaterialien errichtet.

KAPITEL SIEBEN

Arbeits-anleitungen

Um die hier abgebildeten Projekte nachzuarbeiten, muss man keine Handwerks- oder Schneiderlehre absolviert haben. Ein wenig Geschick genügt, um dem eigenen Zuhause für wenig Geld eine persönliche Note zu geben.

Patchwork-Kissenbezug

Patchworkarbeiten verkörpern in idealer Weise und mit höchst dekorativer Wirkung die Maxime „aus Alt mach Neu". Diese Flickwerke waren eine aus der Not geborene Erfindung der amerikanischen Siedlerfrauen, die mit ihren Familien auf Planwagen in den „Wilden Westen" zogen und zum Teil höchst komplizierte Muster verwendeten. Die hier gezeigte Kissenhülle ist aber recht einfach herzustellen, und die Größe der Stoffquadrate lässt sich je nach Kissenmaßen variieren. Die Flicken sollten gleich dick und aus der gleichen Faser (am besten Baumwolle) gewebt sein. Dieser Kissenbezug wurde mit einem Keder eingefasst, man kann ihn aber auch mit Schrägband oder gar nicht einfassen (in dem Fall Arbeitsschritte 4 bis 6 auslassen).

Man braucht • verschiedene Stoffreste (zur Anzahl und Größe der Quadrate siehe Schritte 1, 4 und 7) • farblich passendes Nähgarn • 2,5 m Kordel oder Schnur, ca. 5 mm dick • ein Kissen 60 x 60 cm • Nähmaschine • Lineal, Schere, Stecknadeln

1 Für die Vorderseite 16 Stoffquadrate von 17 x 17 cm zuschneiden. So auslegen, dass keine zwei Quadrate aus demselben Stoff nebeneinanderliegen. Die Verteilung auf einem Blatt Papier notieren oder die Quadrate jeweils auf der Rückseite mit Schneiderkreide nummerieren (Reihen jeweils von links und von oben nach unten gezählt).

2 Mit der ersten Reihe von links beginnend das zweite Quadrat Oberseite auf Oberseite auf das erste legen, an einer Seite zusammennähen und wieder aufklappen, das dritte Quadrat auf das zweite legen und zusammennähen, schließlich auf dieselbe Weise das vierte annähen. Mit den Quadraten der restlichen Reihen in gleicher Weise fortfahren. Alle Nähte von links flach auseinanderbügeln.

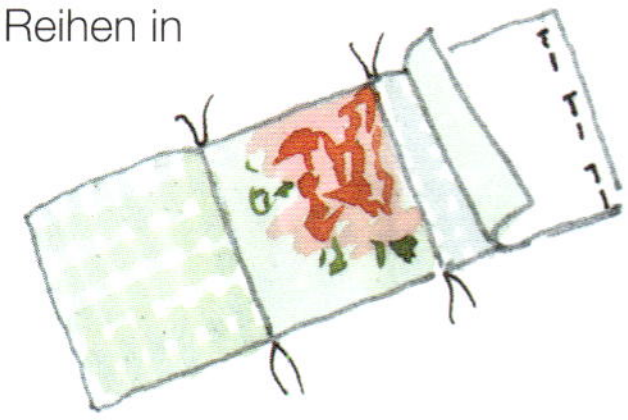

3 Die zweite Quadratreihe Oberseite auf Oberseite auf die erste legen, an der langen Kante mit Stecknadeln zusammenstecken und zusammennähen. Darauf achten, dass die Quernähte exakt aufeinanderstoßen. Beide Stoffbahnen wieder auseinanderklappen, die dritte Reihe wie oben beschrieben auflegen, zusammenstecken und -nähen. Mit der vierten Reihe ebenso verfahren und zum Schluss alle Nähte flach bügeln.

4 Wenn man die Kissenhülle mit einem Keder einfassen möchte, braucht man dafür 2,5 m Schrägband, das man in 3,5 cm breiten Streifen aus einem der Patchworkstoffe schneidet, dabei ist auf den Fadenverlauf zu achten! Man kann aber auch fertiges Schrägband kaufen. Wie abgebildet zusammennähen, bis die erforderliche Länge erreicht ist. Die Nähte flach bügeln und die Enden gerade abschneiden.

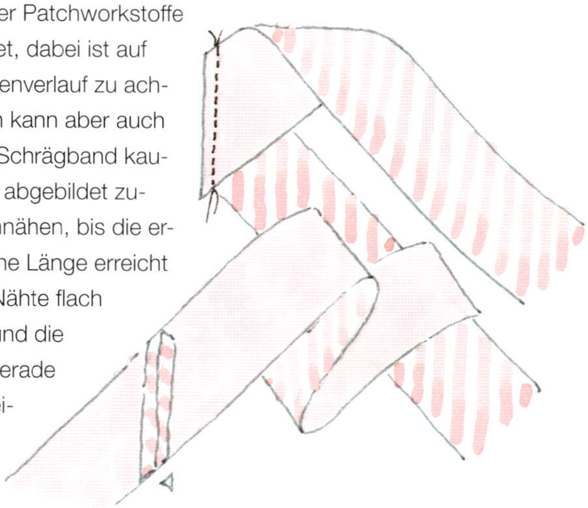

5 Die Kordel oder Schnur in das Schrägband einschlagen und auf der Nähmaschine unter Einsatz des Nähfußes für Reißverschlüsse eng an der Schnur entlang zusammennähen – fertig ist der Keder. Diesen mit Nahtzugabe, in der Mitte einer Seite beginnend, an die Ränder der Kissenplatte (rechte Seite oben) stecken. Das überstehende Schrägband an den Ecken wie abgebildet einschneiden.

6 Den Keder mit der Maschine (Reißverschlussfüßchen) auf die Vorderseite der Kissenplatte annähen, dabei die Kedernaht bis ca. 5 cm vor der „Anschlussstelle" mit der neuen Naht überlagern. Die Kedernaht beidseits ein Stückchen auftrennen, das Schrägband zurückklappen und die Kordelenden so abschneiden, dass sie exakt aufeinanderstoßen. Ein Ende des Schrägbands etwa 5 mm umschlagen, über das andere legen, alles fest über die Kordel ziehen und die Naht vollenden.

7 Für die Rückseite aus einem der Stoffe zwei Teile à 62 x 39 cm zuschneiden und diese jeweils an einer Längsseite mit einem schmalen Umschlag säumen. Rechte auf rechte Seite so auf die Patchwork-Kissenplatte legen, dass ein Teil das andere überlappt, und rundherum mit Stecknadeln anstecken.

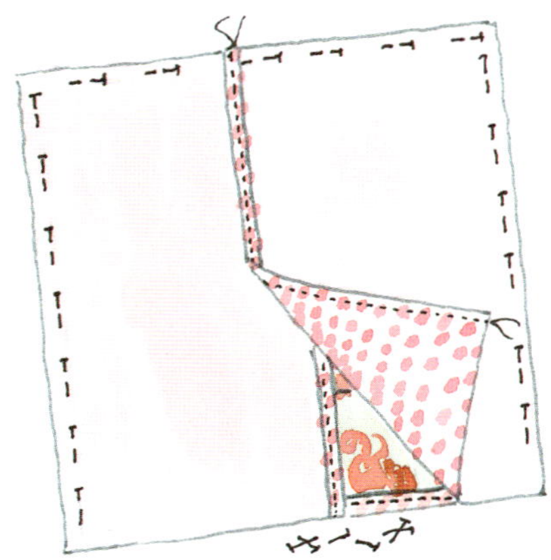

8 Danach Vorder- und Rückseite der Kissenhülle mithilfe des Reißverschlussfüßchens direkt entlang der Kedernaht zusammennähen. Bei einem Kissen ohne Keder einfach den normalen Nähfuß einsetzen und eine Nahtzugabe von etwa 1 cm einhalten. Die vier Ecken schräg abschneiden und alles mit Zickzackstichen versäubern. Den Kissenbezug von innen nach außen stülpen und bügeln.

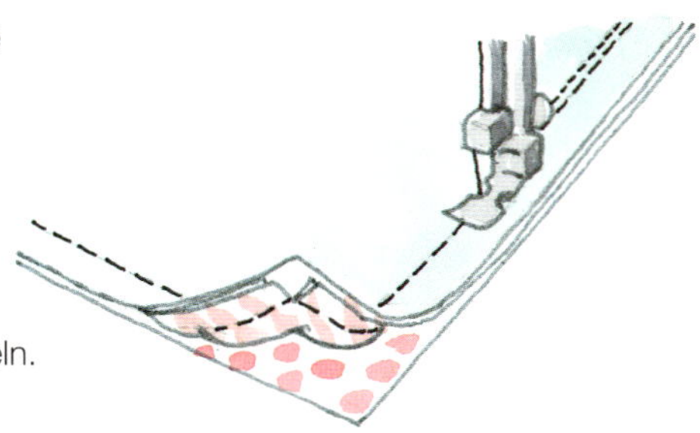

Tipp *Damit die Nähte exakt aufeinanderstoßen, muss man peinlich genau arbeiten und darauf achten, dass alle Quadrate wirklich gleich groß und alle Nahtzugaben exakt gleich breit sind.*

Lampenschirm aus Knöpfen

Für diesen Lampenschirm kann man endlich einmal die Knopfvorräte im eigenen Nähkasten auf originelle Weise sinnvoll nutzen. Entweder man verwendet Knöpfe in allen Farben des Regenbogens wie bei dem hier gezeigten Beispiel, oder man wählt farblich zu den Farben der Einrichtung passende. Weiße oder cremefarbene und Perlmuttknöpfe wirken natürlich edler als bunte. Alte Lampenschirme findet man auf Flohmärkten oder bei Trödlern, man muss nur die richtige Größe für den eigenen Lampenfuß finden. Man kann den unteren Rand des Gestells noch mit Knöpfen an kurzen Fäden verzieren, wenn man möchte.

Man braucht • altes Lampenschirmgestell • evtl. Schmirgelpapier oder Stahlwolle • reichliche Auswahl an verschieden großen Knöpfen • eine Rolle feinen Draht (besser noch Nylonfaden) • Seitenschneider oder Schere

1 Bei einem alten Lampenschirmgestell zunächst den alten Bezug entfernen. Etwaige alte Lackierung mit Schmirgelpapier oder Stahlwolle entfernen. Die Knöpfe nach Größen sortieren, weil man auf dem Draht/Nylonfaden vom unteren bis zum oberen Rand erst die ganz großen und dann Stück für Stück immer kleinere bis zu den kleinsten ganz oben aufreihen muss.

2 Ein langes Stück Draht/Nylonfaden von der Rolle abschneiden und ein Ende am unteren Rand des Schirmgestells befestigen.

3 Die Knöpfe wie abgebildet auffädeln – die größten zuerst und aufsteigend immer kleinere, bis der obere Metallring erreicht ist.

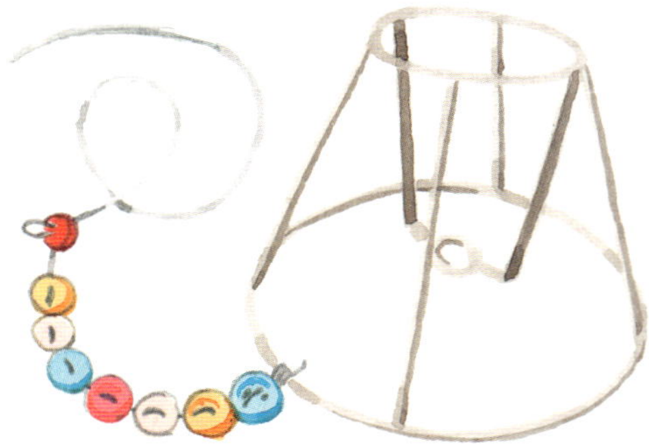

4 Die Knopfreihe straff spannen und den Draht/Nylonfaden mehrfach um den oberen Metallring wickeln. Weitere Knöpfe auffädeln, diesmal erst den kleinsten und absteigend immer größere. Straffen, mehrfach um den Metallring wickeln – und so fort, bis das ganze Gestell mit vertikalen Knopfreihen überzogen ist. Das letzte Ende des Drahts/Nylonfadens am Metallring befestigen und Überstehendes abschneiden.

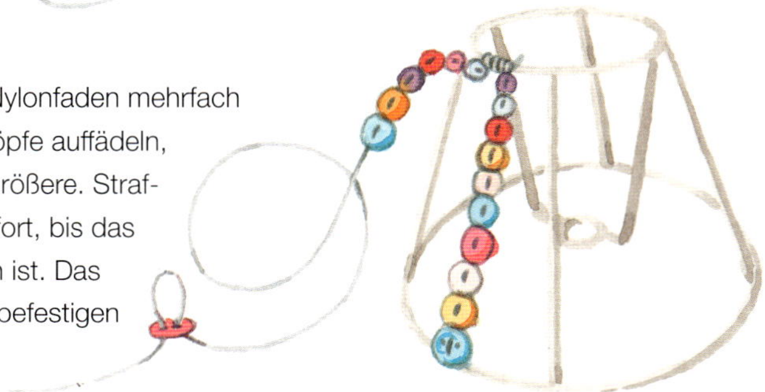

Gepolstertes Bettkopfteil

Dieses gepolsterte und mit Stoff bezogene Bettkopfteil ist einfach und preiswert selbst herzustellen und lässt ein Bett ohne Kopf- und Fußteil edel und großzügig wirken. Da es groß ist, würde es auch ein auffallendes, großformatiges Muster vertragen, aber der hier gezeigte, Ton in Ton gemusterte Stoff sieht ebenfalls gut aus. Im Folgenden wird erklärt, wie man das Kopfteil aus einer MDF- oder Sperrholzplatte mit Schaumstoff polstert und mit Stoff bezieht. Maße und Form der Platte lassen sich natürlich auch variieren. Das hier gezeigte Modell hat Füße, die man am Bettgestell befestigen könnte.

Man braucht • 2 cm dicke MDF- oder Sperrholzplatte (nach Schritt 1 zugeschnitten) • 4 cm dicken Schaumstoff (nach Schritt 2 zugeschnitten) • weißen Kleber • Dekorationsstoff • Lineal, Schere, Tacker inkl. 1 cm lange Tackerklammern • evtl. Bohrer und Schrauben

1 Die MDF-/Sperrholzplatte sollte genauso breit sein wie das Bett und etwa 90 cm hoch, je nach Ihrem Platzangebot. Die oberen Ecken sollten etwas abgerundet sein. Die Füße entstehen durch Aussägen eines Plattenteils am unteren Rand, sollten jeweils 25 cm breit sein und mit der Unterkante des Bettrahmens abschließen. Wenn man das Kopfteil am Bettgestell festschrauben will (Schritt 4), muss man die Bohrlöcher auf gleiche Höhe mit den Verschraubungen des Bettrahmens setzen.

Aus Papier ein Schnittmuster des Kopfteils erstellen, mit einem Stift die Oberkante der Matratze markieren und die Platte danach im Baumarkt zuschneiden lassen.

2 Ein zweites Schnittmuster des Kopfteils anfertigen, diesmal jedoch erst ab der markierten Matratzenlinie. Dabei muss folgende Zugabe hinzugerechnet werden: in der Breite 8 cm, in der Höhe 4 cm. Den Schaumstoff nach dem Schnittmuster zuschneiden oder zugeschnitten kaufen und ihn so auf eine Seite der Platte kleben, dass er mit der Matratzenlinie abschließt und an den anderen drei Seiten jeweils 4 cm übersteht. Den Schaumstoff über die Plattenränder ziehen und antackern.

3 Ein Stück Stoff zuschneiden, das jeweils ca. 15 cm länger und breiter ist als das Kopfteil ohne Füße. Bei gemusterten Stoffen darauf achten, dass es zentriert ist und vertikale oder horizontale Streifen exakt parallel zu den Kanten verlaufen.

Den Stoff auf eine ebene Fläche legen (Rückseite nach oben) und die Platte mit der Polsterung nach unten so darauflegen, dass der Stoff auf allen Seiten ca. 15 cm übersteht. Die Überstände gleichmäßig über die obere und die seitlichen Kanten ziehen und auf der Rückseite antackern, dabei an den oberen Ecken exakt falten, damit der Stoff fest anliegt. Stoffzugabe in den Winkeln der Füße wie abgebildet einschneiden und über die lange untere Kante und die Füße ziehen.

4 Zwei kleinere Stoffstücke für die Füße zuschneiden (Maße: Höhe der Füße plus ca. 2 cm, zweimal Breite der Füße plus ca. 6 cm). Das Stoffstück oben und unten sowie auf einer Seite jeweils 1 cm einschlagen und flach bügeln. Straff über die Füße ziehen und mit dem „Saum" (der 1 cm der ungesäumten Seite überdecken muss) wie abgebildet auf der Rückseite des Kopfteils antackern.

Ein weiteres Stück Stoff für die Rückseite zuschneiden (Maße: Höhe und Breite wie Kopfteilplatte plus ca. 1 cm auf allen vier Seiten). 1 cm Saum einschlagen, flach bügeln und am Plattenrand rundherum antackern. Falls gewünscht, Löcher in die Füße bohren und das Kopfteil ans Bettgestell schrauben.

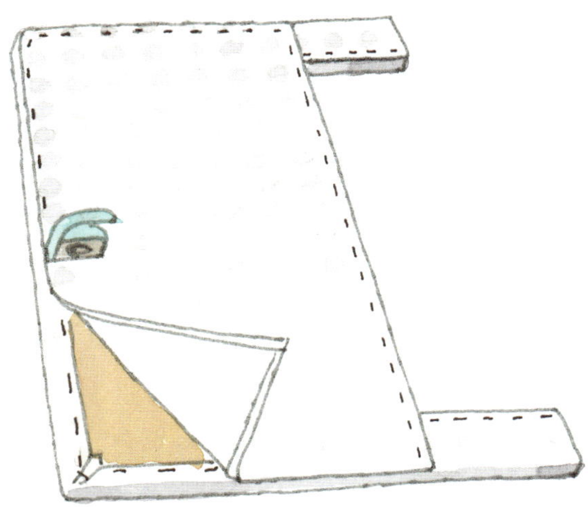

Neuer Bezug für Regiestuhl

Der Regiestuhl ist ein Klassiker und kommt nie aus der Mode. Er passt ebenso gut in das moderne Wohnzimmer oder die rustikale Küche wie auf den Balkon oder die Gartenterrasse. Wenn das Gestell noch intakt und stabil ist, wäre es schade, ein altes, heiß geliebtes Modell zum Sperrmüll zu geben, wenn Sitzfläche und Rückenlehne aus Segeltuch allzu schäbig geworden oder gerissen sind. Diese lassen sich leicht ersetzen, entweder wieder mit Segeltuch oder – wie hier – mit Flickenteppichen.

Man braucht • festen Stoff • starkes Nähgarn • Maßband, evtl. Teppichmesser, Lineal, Nähnadel, Schere, Nähmaschine (entfällt bei Flickenteppichmaterial) • Polsternägel und Hammer oder Tacker und Heftklammern • Metallösen mit entsprechend großen Durchführlöchern für Schrauben • Metallbügel (Befestigung Rückenlehne) • Elektro- oder Akkuschrauber • Zwirn und dicke Nähnadel (für Flickenteppichmaterial)

1 Alte Stoffteile entfernen und deren Maße nehmen, einschließlich der Streifen, die jeweils um die seitlichen Holzstäbe gewickelt werden, und einschließlich 5 cm Nahtzugabe für neue Stoffteile auf allen vier Seiten. (Falls ein Flickenteppich verwendet wird, wie in Schritt 2 beschrieben, nur 2,5 cm Nahtzugabe für eine Querseite hinzufügen, wenn die andere aus der Webkante besteht. Wenn man die Flickenteppichteile selber webt, kann man sie natürlich gleich in den passenden Maßen herstellen.)

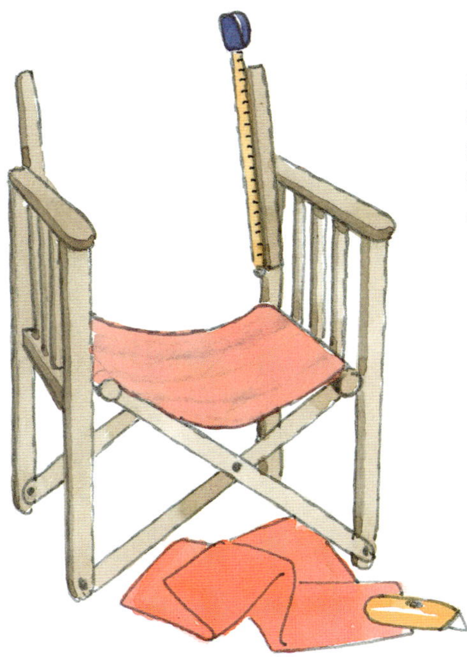

2 Stoffsitz und Rückenlehne zuschneiden wie oben angegeben. (Bei Flickenteppichteilen muss die Webkante des Sitzes die am stärksten beanspruchte Kante bilden, und das ist die vordere.)

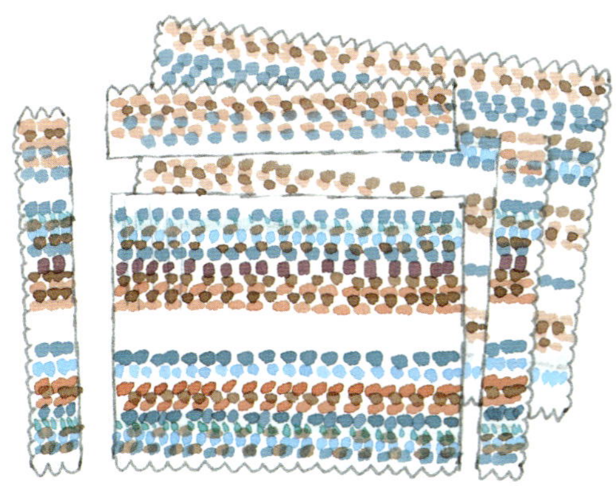

3 Bei Stoffteilen die Schnittkanten auf der Maschine mit Zickzackstich versäubern und dann jeweils oben und unten mit doppelter Naht einen 2,5 cm breiten Saum nähen. An den Seiten 2,5 cm breite Säume abstecken, aber noch nicht nähen, falls die Breite des jeweiligen Stoffteils noch angepasst werden muss. (Bei Flickenteppichteilen jeweils die hintere Kante von Rücken- und Sitzteil 2,5 cm einschlagen und wie abgebildet von Hand annähen, die Seiten dagegen ungesäumt lassen.)

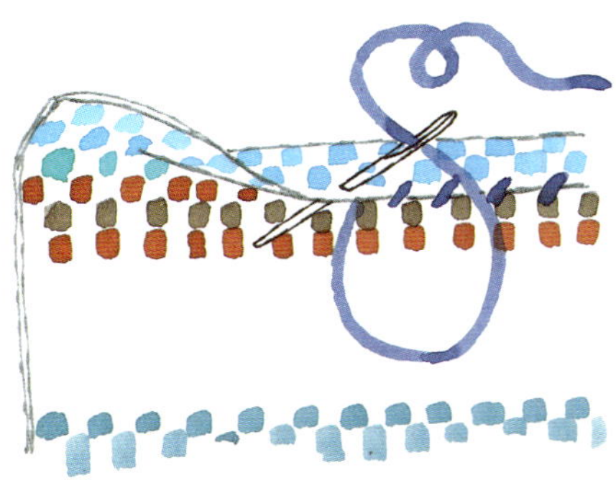

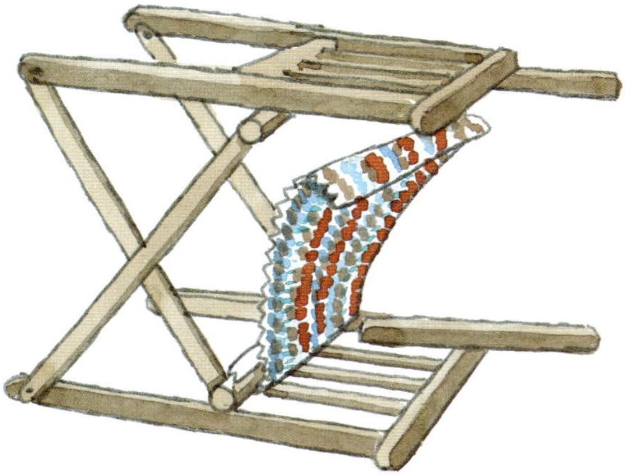

4 Den Stuhl auf eine Seite legen und das Sitzteil aus Stoff mit der gesäumten (beim Flickenteppichteil ungesäumten) Seite um die obere Querstange schlagen und auf der Unterseite antackern. Den Stuhl auf die andere Seite legen und das Sitzteil ebenfalls um die Querstange schlagen und zunächst mit wenigen Tackern provisorisch befestigen. Den Stuhl aufklappen, die Spannung des Sitzes überprüfen, die Breite der Bespannung eventuell anpassen (der Sitz sollte leicht durchhängen) und den Stoff oder Flickenteppich danach endgültig antackern.

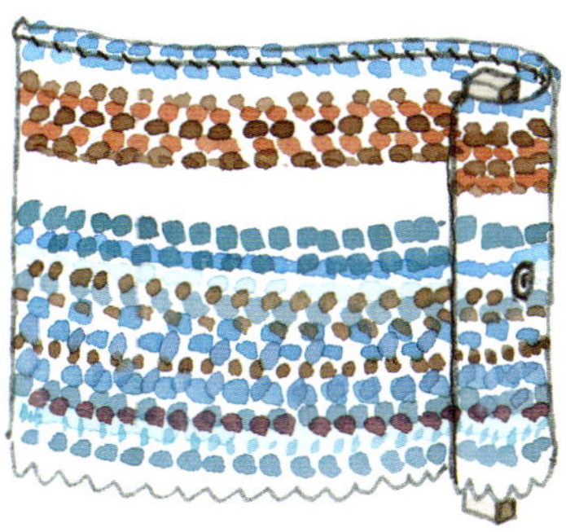

5 An der Rückenlehne zunächst eventuell vorhandene Schrauben oder Metallbügel lösen, wobei die festen Rahmenstäbe stehen bleiben. Bei Stuhlmodellen ohne Schrauben/Metallbügel entfällt dieser Arbeitsschritt. Das bewegliche Teil herausnehmen und alten Stoff entfernen. Positionen der Schraublöcher auf dem neuen Stoff oder Flickenteppich markieren, von hinten Metallösen für die Schrauben durch den Stoff stecken und diesen wie abgebildet so um einen der Stäbe wickeln, dass die linke Seite des Saums am Holz zu liegen kommt und die Ösen exakt über den Bohrlöchern in den festen Rahmenstäben des Gestells liegen. Mit dem zweiten Holzstab genauso verfahren und vor der endgültigen Verschraubung die Spannung der Rückenlehne überprüfen und eventuell anpassen.

6 Zur Befestigung die Rückenlehne zuerst auf der einen, dann auf der anderen Seite an die Rahmenstäbe antackern, und zwar so, dass die Metallösen über den für die Verschraubung vorgesehenen Löchern liegen.

7 Die Rückenlehne mithilfe von Schrauben oder, falls vorhanden, den originalen Metallbügeln am Gestell befestigen, dabei fest anziehen, damit die Konstruktion wirklich stabil ist.

Gardine – leicht gemacht

Ein Fenster auf einfachere Weise mit einer Gardine zu versehen, ist schier nicht möglich. Man braucht nur ein Stück ungebleichten Musselin (wie auf der Abbildung) oder ein altes Leintuch, wenn es die richtigen Maße für das betreffende Fenster hat. Man hängt den gesäumten Stoff einfach über eine dünne Leine, die man in der Fensterlaibung oder an einer Quersprosse des Fensterrahmens gespannt hat, und befestigt ihn mit Miniwäscheklammern. Oder man nimmt zwei Stoffbahnen, die man mithilfe von angenähten oder angeklammerten Gardinenringen an einem Metallkabel aufhängt.

Man braucht • ungebleichten Musselin oder feinen alten Leinenstoff • farblich passendes Nähgarn • Schere, Stecknadeln, Nähnadel oder Nähmaschine • dünnes Metallkabel oder stabile dünne Leine aus Garn, zwei Haken • Miniwäscheklammern

1 Das Fenster ausmessen und die Höhe festlegen, auf der die Leine gespannt werden soll. Diese Höhe plus die Höhe des Überschlags plus 4 cm Saumzugaben ergeben die Länge der Stoffbahn. Diese sollte breiter sein als der Fensterrahmen (wie breit, bleibt Ihnen überlassen), damit der Stoff weich fällt und keine Lücke frei lässt. Den Stoff entsprechend zuschneiden.

2 Wenn man ein altes, bereits gesäumtes Stück feines Leinen besitzt oder findet, das genau in die Fensteröffnung passt, ist alles noch einfacher. Ansonsten das Stück Stoff bis auf die Webkanten mit einem von Hand oder auf der Maschine genähten 1 cm breiten Saum versehen.

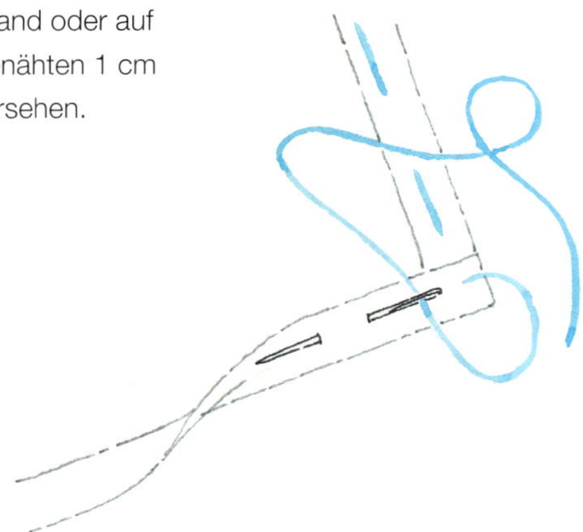

3 Zunächst an der festgelegten Höhe die Haken anbringen. Metallkabel oder dünne Leine an einem der Haken befestigen – mit einem simplen Knoten oder, wenn Sie sich für das Metallkabel entscheiden, mit passenden Ösen aus dem Baumarkt. Beim Befestigen am anderen Haken darauf achten, dass die Leine straff gespannt wird. Stoff darüberhängen und mit Miniwäscheklammern feststecken.

Gläser mit Knopfdekor

Marmeladen- und Einweckgläser gibt es in vielen Formen und nützlichen Größen; es wäre daher schade, sie alle wegzuwerfen. Viele lassen sich bemalen oder anderswie dekorieren und geben dann praktische Halter für Stricknadeln, Essstäbchen, Kochlöffel, Pinsel, Scheren, Stifte und andere Utensilien ab. Die einfachste Dekoration ist oft auch die schönste – wie hier die Verzierung mit weißen, cremefarbenen oder Perlmuttknöpfen.

Man braucht • Marmeladen- oder größere Einweckgläser • feinen und dickeren Draht (alternativ Nylonfaden) • Knöpfe • Seitenschneider oder Schere

1 Vom dickeren Draht/Nylonfaden ein Stück von der Rolle schneiden. Es muss so lang sein, dass man es zwei Mal um den Glasrand wickeln und die Enden noch miteinander verknoten kann. Am besten schneidet man einfach ein etwas längeres Stück ab. Um das Glas wickeln, aber noch nicht verknoten.

2 Vom feineren Draht/Nylonfaden kurze Stücke schneiden, durch die Knopflöcher stecken, so viele Knöpfe wie man möchte am dickeren Draht/Nylonfaden befestigen und in die gewünschten Positionen rund um den Glasrand schieben.

3 Wenn man ein Henkelglas haben möchte, einfach ein Stück dickeren Draht schneiden, biegen und wie abgebildet am Draht-/Nylonfadenring um den Glasrand befestigen und erst danach mit weiteren Knöpfen bestücken.

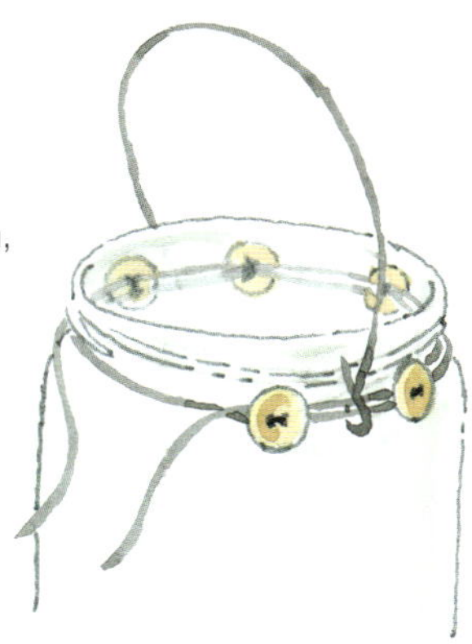

4 Zum Schluss die beiden Enden des doppelten Draht-/Nylonfadenrings miteinander verknoten. Darauf achten, dass er straff am Glas sitzt.

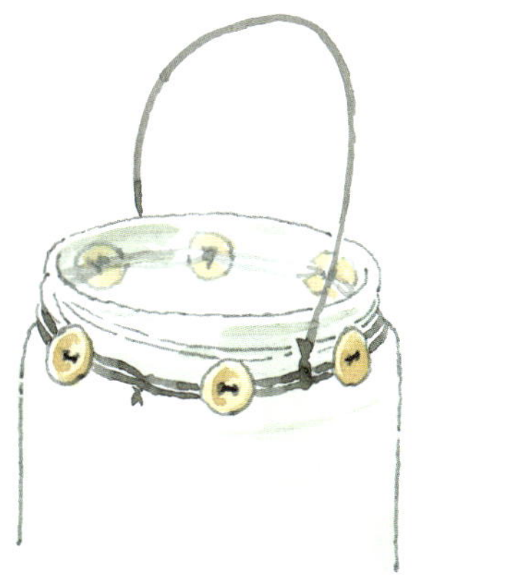

Design von Sania Pell

Decke aus Strickflicken

Diese Decke ist leicht herzustellen. Man muss dafür nur die einfachsten Stricktechniken beherrschen: anschlagen, rechts stricken und abketten. Außerdem stellt sie eine ideale Möglichkeit der Garnresteverwertung dar, entweder aus eigenen Beständen oder von Freundinnen, die oft nur allzu froh sind, ihre Reste „in gute Hände geben" zu können. Die Garne sollten lediglich alle die gleiche Fadenstärke haben, damit die Quadrate nicht verschieden groß werden. Halb so starke Garne kann man mit doppeltem Faden verstricken.

Man braucht • verschiedenfarbige Garne • zwei Stricknadeln (erforderliche Stärke siehe Knäuelbanderolen) • Stecknadeln • Sticknadel

1 Auf den Banderolen die erforderliche Stricknadelstärke ablesen und entsprechende Nadeln heraussuchen oder kaufen. Für jedes Quadrat 40 Maschen anschlagen und so viele Reihen rechts stricken, bis jeder Wollflicken absolut quadratisch ist. Dann die letzte Maschenreihe abketten. So viele Quadrate stricken, bis die gewünschte Deckengröße erreicht ist. Quadrate auf dem Fußboden im gewünschten Format auslegen, um die Farbverteilung festzulegen.

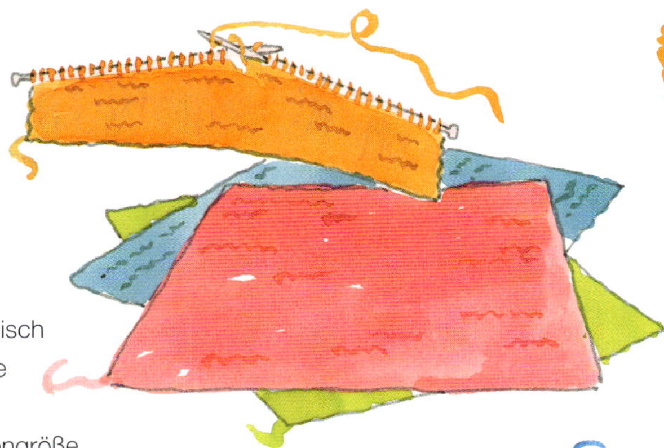

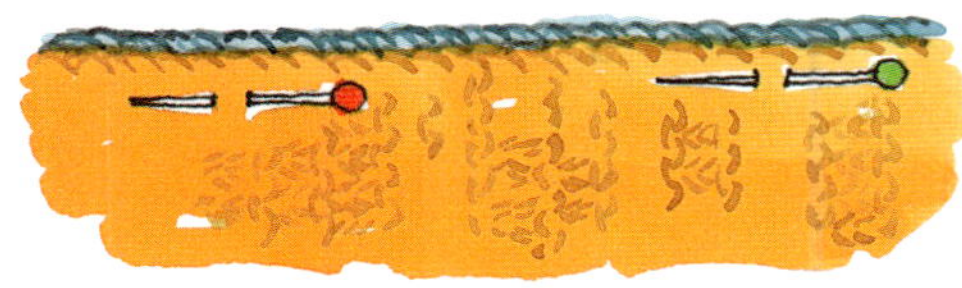

2 Zunächst die zwei ersten Quadrate der obersten Flickenreihe entlang der Strickränder rechts auf rechts so zusammenstecken, dass die Maschenreihen im rechten Winkel zum Strickrand verlaufen.

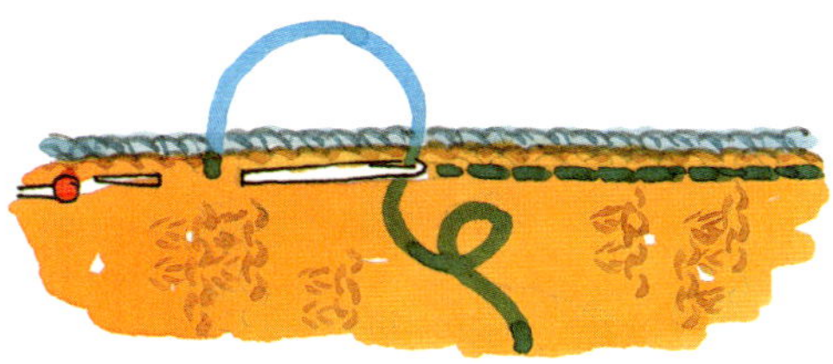

3 Mit der Sticknadel die beiden Quadrate zusammennähen. Die Farbe des Fadens spielt keine Rolle, da die Naht auf der Oberseite nicht zu sehen ist.

4 In gleicher Weise die weiteren Quadrate der ersten Flickenreihe annähen. Die übrigen Reihen genauso arbeiten. Am Anfang und Ende jeder Reihe jeweils ein paar Stiche zurück über die Naht setzen (damit sie nicht aufgeht) und die Fadenenden sauber vernähen. Die Quadratstreifen auf die gleiche Art zusammennähen und dabei darauf achten, dass die Nähte jeweils exakt aufeinanderstoßen.

Sandsack-Türstopper

Ein blau gestreifter, fester Stoff im Stil alter Matratzenbezüge ergibt – zum Sandsack vernäht und gefüllt – einen attraktiven Türstopper. Man kann aber auch eine alte Jeans oder Cordhose, Segeltuch oder jeden anderen festen, dicht gewebten Stoff dafür nehmen.

Man braucht • Stecknadeln • ein 25 cm langes Stück Gurtband • Segeltuch oder Jeans- oder Matratzenstoff, in sechs Rechtecke zugeschnitten, die jeweils zweimal 17 x 8 cm, 22 x 8 cm und 17 x 22 cm messen • Nähmaschine • starkes Maschinennähgarn • Bügeleisen • Esslöffel • groben Sand • Nähnadel

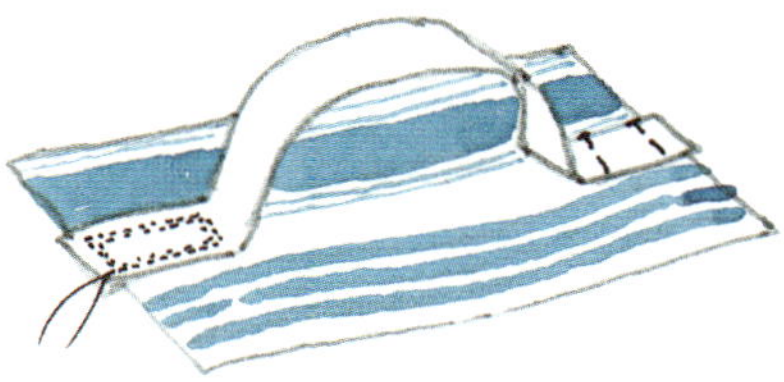

1 An der Nähmaschine eine kleine Stichbreite einstellen. Die beiden Enden des Gurtbands auf die Oberseite eines der 17 x 8 cm großen Stoffteile stecken, und zwar so, dass die Enden jeweils an den Schmalseiten des Rechtecks mit der Stoffkante abschließen. Dabei entsteht der Griff. Die Gurtbandenden wie abgebilcet auf der Maschine annähen und zum Schluss noch einmal im Rückwärtsgang versäubern.

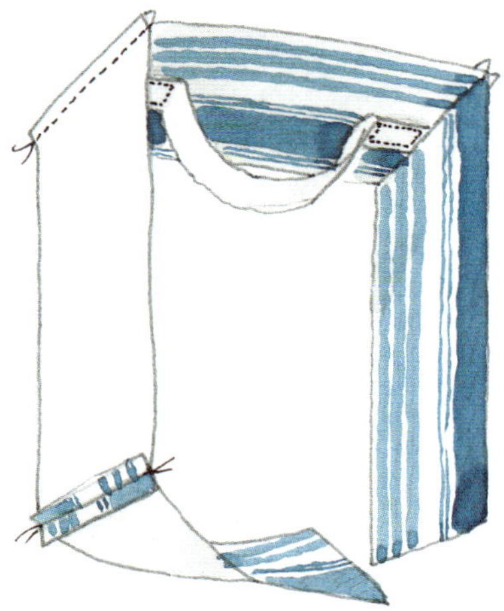

2 Drei der schmalen Stoffstreifen rechte Seite auf rechte Seite zusammenstecken und -nähen, und zwar abwechselnd ein längerer und ein kürzerer (siehe Abbildung). Die Nahtzugaben sollten jeweils 1 cm breit sein und zum Schluss von links flach gebügelt werden. Eine Seitennaht an der unteren Schmalseite (die ohne Griff) offen lassen, nur 1 cm einkniffen.

3 Die beiden großen Rechtecke (22 x 17 cm) mit der Oberseite nach innen und einer Nahtzugabe von 1 cm nacheinander an den Seitenteil-„Rahmen" stecken und nähen. Darauf achten, dass die Nähte an den Ecken exakt aufeinandertreffen und die eingekniffte Nahtzugabe mit erfasst wird.

4 Den Sack von innen nach außen stülpen und durch die offene Naht nicht ganz bis oben mit Sand füllen. Den Schlitz von Hand mit starkem Zwirn in kleinen, möglichst unsichtbaren Stichen fest zunähen.

Alter Vitrinenschrank neu lackiert

Ein neuer Anstrich mit künstlicher Alterspatina in blassen Grau- und Pastelltönen macht aus einem düster wirkenden Geschirrschrank aus dunklem Holz eine elegante Vitrine. Wenn man dunkle Möbel in hellen Farben lackiert und dem neuen Anstrich mit etwas Schmirgelpapier eine künstliche Alterspatina verpasst, sehen sie unter Umständen fast schon zierlich aus. Die abgeriebenen Stellen, durch die das dunkle Holz schimmert, verhindern außerdem, dass die einheitliche Farbgebung langweilig wirkt. Um den schwedischen Einrichtungsstil aus der Zeit König Gustavs III. (1771–1792) nachzuahmen, kann man Pastelltöne nehmen: ein leicht erdbeerrötlich angehauchtes Blassgelb, kühles Hellblau oder Graublau, pudriges Rosa.

Man braucht • Stahlwolle • Abbeizer (im Fall von altem Anstrich/Lack) • feines Schmirgelpapier • Grundierfarbe • Latex- oder Emulsionsfarbe (Pastellfarbtöne: Eierschale, Taubengrau, Graugrün, gebrochenes Weiß) • Pinsel • schmales Malerkreppband

1 Je nach Beschaffenheit und Erhaltungszustand der Oberflächen den Schrank entweder abbeizen und mit Stahlwolle und Schmirgelpapier bearbeiten oder mit Seifenlauge abwaschen, mit klarem heißem Wasser nachspülen und trocken reiben. In beiden Fällen zum Schluss mit feinem Schmirgelpapier glatt schmirgeln – immer mit und nicht gegen den Verlauf der Holzmaserung. Staub mit sauberem, trockenem Lappen abwischen. Regalbretter aus dem Schrank nehmen (wenn machbar) und deren Ober- und Unterseiten sowie Vorderkanten grundieren und zweimal im Farbton Eierschale lackieren (zwischendurch trocknen lassen!).

2 Mit dem Malerkreppband jeweils die Ränder der Flächen abkleben, die nicht gestrichen werden sollen. Besonders die Kreppbandränder gut andrücken, damit keine Farbe auf bereits fertig lackierte Teile durchsickert. Den Schrank außen mit Grundierfarbe vorstreichen. Danach zweimal taubengrau (zwischendurch trocknen lassen) und je nach Schrankdesign einige Teile graugrün statt taubengrau streichen. Wenn die zweite Lackschicht sich trocken anfühlt, das Malerkreppband vorsichtig abnehmen.

3 Zier- und Gesimsleisten sowie Schnitzornamente (falls vorhanden) mit Malerkreppband abkleben und zweimal mit einem feineren Pinsel in einer anderen Farbe (am besten wie hier in gebrochenem Weiß) streichen. Der Pinsel darf nur wenig Farbe aufnehmen, damit sich keine Tropfen bilden. Die Anstriche zwischendurch trocknen lassen. Wenn die zweite Lackschicht sich trocken anfühlt, das Malerkreppband vorsichtig abnehmen.

4 Die Ecken und Kanten, die sich ja schneller abnutzen als die Flächen, sowie die in gebrochenem Weiß gestrichenen Leisten mit Stahlwolle oder Schmirgelpapier bearbeiten, um die künstliche Alterspatina zu erzielen. Die Pinsel je nach Farbentyp in Pinselreiniger und/oder warmem Seifenwasser reinigen, gründlich spülen und trocknen lassen.

Tipp *Wenn man den kreidigen Look antiker Schleiflackmöbel mag, kann man Kalkfarben statt Latex- oder Emulsionsfarben verwenden.*

Gestreifte Treppe

Bunte Lackstreifen ersetzen bei dieser Holztreppe den traditionellen Treppenläufer und kosten einen Bruchteil dessen, was man für einen neuen Läufer ausgeben muss. Noch dazu wirken sie frischer, moderner und beleben das Treppenhaus. Um diese Wirkung zu erzielen, sollte man verschieden breite, asymmetrisch verteilte Streifen aufmalen, die man vorher mit Malerkreppband abgeklebt hat. Als Grundfarbe wurde bei diesem Beispiel ein gebrochenes Weiß gewählt, weil es das schmale, recht dunkle Treppenhaus aufhellt, ohne kalt zu wirken. Achtung: Man darf die Treppe nicht benutzen, bevor die Farbe komplett getrocknet und ausgehärtet ist!

Man braucht • Spachtelmasse (für eventuelle Löcher), Schmirgelpapier • Voranstrichfarbe • Fußbodenanstrichfarbe in heller Grundfarbe und verschiedenen Farben für die Streifen sowie Schwarz • evtl. PUR-Klarlack • Lösungsbenzin/ Pinselreiniger • mehrere Malerpinsel • feinen Künstlerpinsel • Lineal und Bleistift • 2,5 cm breites Malerkreppband

1 Alle Flächen abschmirgeln. Den Staub gründlich abwischen oder absaugen und die Flächen mit Lösungsbenzin abreiben (sauberes Tuch nehmen!). Eventuell vorhandene Löcher mit Spachtelmasse füllen und die Treppe mit Grundierfarbe streichen. Nach dem Trocknen zweimal mit weißer oder einer anderen hellen Farbe streichen. Zwischendurch immer gut durchtrocknen lassen.

2 Den „Läufer" mit allen Streifenbreiten sorgfältig ausmessen, mit Lineal und Bleistift auf die Treppenstufen vorzeichnen und dann mit dem Malerkreppband (jeweils gelb dargestellt) abkleben, wobei die einzelnen Streifen mindestens so breit sein sollten wie das Kreppband. Besonders die Ränder dabei fest andrücken.

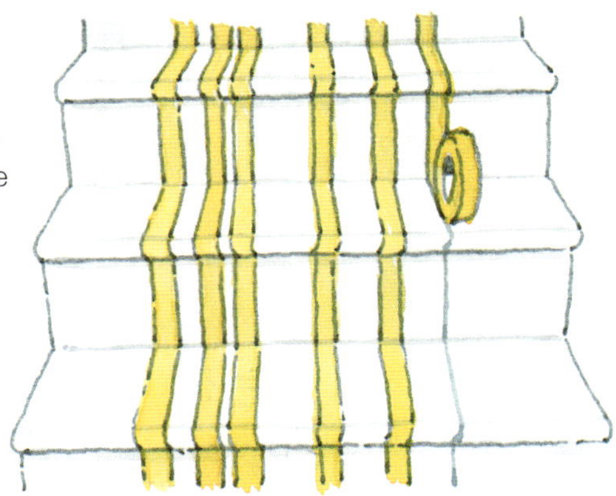

3 Auf der vierten Stufe von oben kniend alle abgeklebten Streifen auf den drei obersten Stufen streichen, und zwar mit verschiedenen Pinseln für die verschiedenen Farben. Darauf achten, dass die Pinsel nicht zu viel Farbe aufnehmen. Die Streifen trocknen lassen und dann eine zweite Lackschicht auftragen. Wenn diese sich trocken anfühlt, die Kreppbänder auf den fertig gestrichenen Stufen sorgfältig abnehmen und entsorgen. Gebrauchtes Kreppband nicht wiederverwenden.

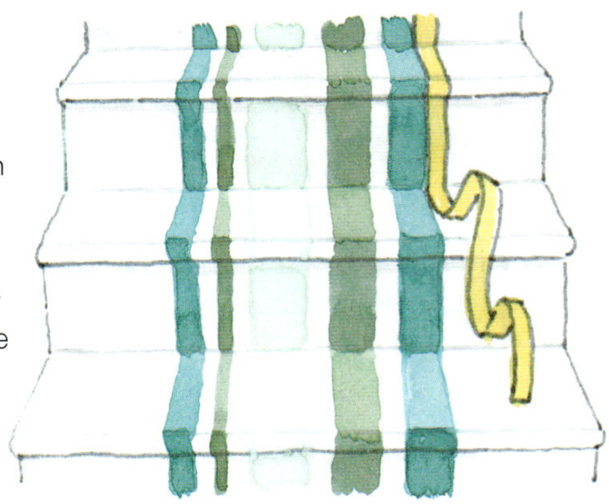

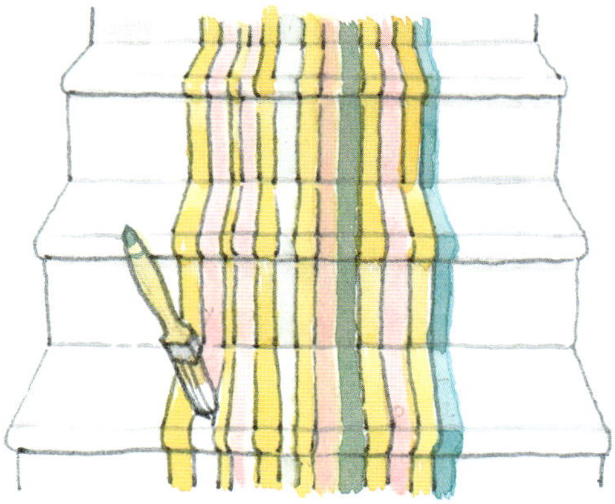

4 Nun auf der siebten Stufe von oben kniend die Streifen auf drei weiteren Stufen wie in Schritt 3 beschrieben lackieren und zwischen dem zweimaligen Auftragen die Schichten jeweils gut durchtrocknen lassen. Nun auf der zehnten Stufe von oben auf dieselbe Weise fortfahren usw.

Zum Schluss wieder von oben beginnend die zwei schwarzen Linien aufmalen (vorher eventuell abkleben, um sicherzustellen, dass sie absolut gerade verlaufen). Mit einem feinen Künstlerpinsel eventuell unsaubere Farbränder „bereinigen“ bzw. „begradigen“.

Falls keine Fußbodenfarbe verwendet wurde, die Treppe abschließend dreimal mit PUR-Klarlack streichen und zwischendurch jeweils gut durchtrocknen lassen (mindestens über Nacht; exakte Trockenzeiten siehe Farbdosenbeschriftung).

Achtung: Die Pinsel jeweils sofort nach Gebrauch gründlich in Lösungsmittel/Pinselreiniger säubern und trocknen.

Tipp *Treppenanstriche werden naturgemäß stark beansprucht und nutzen sich schneller ab als andere Fußbodenflächen. Am besten akzeptiert man also nach einiger Zeit ihre Abnutzungserscheinungen als „natürlichen maroden Charme“. Oder man zögert die komplette Renovierung hinaus, indem man die Klarlackversiegelung öfter erneuert.*

Interessante Adressen

Zusätzlich zu den hier aufgeführten Internetadressen und Tipps findet man weitere in Telefonbüchern (Gelbe Seiten), Zeitschriften- und Zeitungsannoncen. Lokale und regionale Flohmärkte, Gebrauchtwarenkaufhäuser und Trödlerläden sind gute Quellen für schöne Stücke. Die großen Möbelhäuser veröffentlichen Sonderangebote auch auf ihren Internetseiten. Und es gibt Internet-Auktionshäuser ...

Wenn Sie bestimmte Stoffe oder besondere Stücke eines Designers suchen, empfiehlt es sich, den jeweiligen Namen in die Suchmaschine einzugeben. Ergänzt um Stichworte wie „Restposten" ergeben sich überraschende Ergebnisse.

Dasselbe gilt für den Besuch in Möbel-, Einrichtungs- und Kaufhäusern. Diese haben oft Möbelfundgruben mit preiswerten Stücken, in den Stoffabteilungen steht meist in einer Ecke eine Restekiste mit hochwertigen Teilen.

Die Stadtverwaltungen bieten vielerorts Möbelhallen an. Informationen hierzu bekommen Sie beim nächstgelegenen Wertstoffhof oder über das städtische Bürgertelefon. Allerdings ist das nur was für Frühaufsteher und Menschen mit guten Nerven, denn solche Möbelhallen werden ab Sonnenaufgang von vielen Schnäppchensuchern belagert. Hier und bei Flohmärkten sollten Sie sich rechtzeitig Gedanken über die Transportmöglichkeiten machen, falls Ihnen unerwartet der schon lang erträumte Schrank ins Auge sticht (Handy, gute Freunde mit starken Armen, ein Fahrer mit Auto mit Anhänger oder großer Ladefläche ...).

Der größte Flohmarkt Europas:
www.reisejournal-frankreich.de/details.php/427

Flohmarkt total!
Jeden Tag suchen und finden.
Nehmen Sie ein großes Auto mit nach Brüssel:
www.schwarzaufweiss.de/belgien/flohmaerkte.htm

Klamotten, Klamotten, Klamotten – und dichter Trubel in einer DER Attraktionen Londons:
www.camdenlock.net

Waterlooplein, Amsterdam, seit mehr als 60 Jahren fast jeden Tag stöbern, dazu gibt's Live-Musik und kulinarische Genüsse:
www.amsterdam.info/de/shopping/maerkte/

Überblicke über weitere europäische Flohmärkte:
www.flohmarkt.at/flohmaerkte/europa

Tipp: In Ihre bevorzugte Suchmaschine als Stichwörter „Flohmarkt" und das gewünschte Reiseziel eingeben. Dabei auch andere, nahe gelegene Städte oder eine Region/ein Land berücksichtigen. Und noch ein Tipp: Mancher Flohmarkt wird von den Veranstaltern im Internet als DAS Ereignis beschrieben. Hier empfiehlt sich der Besuch von Blogseiten (in der Suchmaschine zusätzlich z. B. das Stichwort „Frage" eingeben), dann findet man interessante Kommentare.

Für Nachtflanierer:
www.konstanz.de/smk/01206/01211/01222/index.html

Tipp: In Ihre bevorzugte Suchmaschine das Stichwort „Nachtflohmarkt" eingeben und den nächstgelegenen anklicken.

Überblicke über aktuelle Termine in Deutschland:
www.flohmarkt-termine.net
www.flohmarkt.de

Überblick über aktuelle Termine in Österreich:
www.flohmarkt-termine.at
www.sammeln.at/maerkte

Davon besonders:
www.sammeln.at/maerkte/flohmarkt-wien.htm

Überblick über aktuelle Termine in der Schweiz:
www.flohmarkt24.ch/flohmarkt.php

Speziell zu Weihnachten:
www.weihnachts-sammler-boerse.com/

Der Kitzel einer Auktion reizt Sie? Stöbern Sie nach passenden Terminen:
www.fundbuero24.de/service/veranstaltungen.php

Online stöbern, dort auch viele Links zu anderen deutschsprachigen Börsen:
www.sammlerboerse.at

Online suche und finden:
www.kleinanzeigen24.ch

Nicht billig, aber recht umfangreiches Angebot:
www.antiquitaeten.com

Sie suchen? Sie wollen selbst etwas verkaufen? Anzeige kostenlos:
www.meinesammlung.com/antiquitaeten/

Historische Baustoffe können gerade beim Renovieren alter Gebäude unverzichtbar sein (Händlerseiten mit Links zu weiteren Händlerseiten):
www.historische-baustoffe.de
www.baurat.de
www.historischebaustoffe.com
www.tueren-antik.com
www.historische-tueren.de

Tipp: Auch hier kann man die Suchmaschine bemühen. Je detaillierter die Stichworteingabe, umso spezieller werden die gefundenen Seiten. Wenn Sie weite Wege scheuen, geben Sie zusätzlich eine bestimmte Stadt/Region an. Und noch ein Tipp: Wenn Sie mit bestimmten Materialien arbeiten möchten, z. B. ein altes Haus mit Kalkfarbe streichen wollen, empfiehlt es sich, Erfahrungsberichte anderer zu suchen. Wenn man die Eingabe „Kalkfarbe" um Stichworte ergänzt, die das Problem umschreiben, z. B. „Gipsputz", weil die Räume Ihrer Immobilie damit verputzt sind, wird man schnell fündig und kann viel zum Thema erfahren. – Der Baumarkt Ihres Vertrauens ist eine gute Anlaufstelle, wenn es um preiswerte Materialien geht. Auch ist die Beratung oft besser als ihr Ruf. Der örtliche Baustoffhandel ist meist billiger als der Baumarkt, allerdings gilt das im Allgemeinen erst ab bestimmten Mengen.

Stichwortverzeichnis

Die **fett** *gedruckten Seitenzahlen verweisen auf die Arbeitsanleitungen.*

Danksagungen

Wir danken Simon Brown, der das Titelthema mit seinen wunderschönen Aufnahmen in kongenialer Weise visuell umgesetzt hat. Auch sagen wir allen Freunden, in deren Häusern wir fotografieren durften, und allen bis dato unbekannten Menschen, die uns ihre Türen geöffnet haben, ein herzliches Dankeschön. Schließlich möchten wir auch dem Team von Cico Books für seine kompetente Unterstützung bei der Realisierung unseres Buchvorhabens danken, insbesondere Cindy Richards, Sally Powell, Gillian Haslam und Christine Wood.

Die Autorinnen